U0274205

刘哲作品

法律人的同理心

刘哲——著

清华大学出版社
北京

本书封面贴有清华大学出版社防伪标签，无标签者不得销售。

版权所有，侵权必究。举报：010-62782989，beiqinquan@tup.tsinghua.edu.cn。

图书在版编目（CIP）数据

法律人的同理心 / 刘哲著 . —北京：清华大学出版社，2023.1
（刘哲作品）
ISBN 978-7-302-61190-5

Ⅰ.①法…　Ⅱ.①刘…　Ⅲ.①司法心理学—文集　Ⅳ.① D90-054

中国版本图书馆 CIP 数据核字 (2022) 第 110475 号

责任编辑：刘　晶
封面设计：徐　超
版式设计：方加青
责任校对：王凤芝
责任印制：沈　露

出版发行：清华大学出版社
　　　　　　网　　　　址：http://www.tup.com.cn，http://www.wqbook.com
　　　　　　地　　　　址：北京清华大学学研大厦 A 座　　邮　　编：100084
　　　　　　社 总 机：010-83470000　　　　　　　　邮　　购：010-62786544
　　　　　　投稿与读者服务：010-62776969，c-service@tup.tsinghua.edu.cn
　　　　　　质 量 反 馈：010-62772015，zhiliang@tup.tsinghua.edu.cn
印 装 者：三河市东方印刷有限公司
经　　销：全国新华书店
开　　本：145mm×210mm　　　**印　　张：**6.75　　**字　　数：**132 千字
版　　次：2023 年 1 月第 1 版　　**印　　次：**2023 年 1 月第 1 次印刷
定　　价：69.00 元

产品编号：097064-01

作者简介

刘哲，北京市人民检察院首批入额检察官。曾办理山西溃坝案，设计并组织研发刑事公诉出庭能力培养平台。

著有《检察再出发》《你办的不是案子，而是别人的人生》《法治无禁区》《司法观》《法律职业的选择》《司法的趋势》《司法的长期主义》《正义感》《司法与责任》《司法观·日知录》等。

序：法律人为什么要讲同理心？

法律人常常要适用法律，要维护公正。但法律是抽象的，人却是具体的。

也就是说案件是具体的，抽象的法律规则和公正原则只有见之于微观世界——具体的个案，才有意义。

同理心恰恰是打开个体的微观世界的一把钥匙——它能打开对方的心锁。

只有打开这把心锁，我们才能体会他的遭遇，知晓具体的犯罪原因、他的出身和经历、他这一路走来的不容易、他当时的不得已、他难以启齿的隐私之痛，以及犯罪背后的社会性、体制性问题。

同理心可以让我们进入他人的真实叙事之中。

这些真实的叙事，不是证据表面所呈现的构成犯罪与不构成犯罪，而是那些不足为外人道的故事。

这些不容易察觉的原因、动机、情节和背景，才是我们将这件案件区别于其他案件的具体特征。这些具体的特征也是我们作出法律判断的真实依据。

我们要想得出公正的结论就必须体察入微，只是真相常常隐于幕后。

有些理论上的观点认为，刑法不应关注动机，不管因为什么原因，触犯了刑法就要承担相应的责任，这种责任不因具体情况而异。

但是我认为，司法想要公正，就必须探查犯罪背后的原因，了解嫌疑人、被告人犯罪的真实动因，它能让我们作出更加恰如其分的司法判断。

比如，同样是盗窃，因为饥饿进行的盗窃和意图获利进行的盗窃就有着很大的不同，在作出是否起诉的决定的时候，司法官的内心感受也是不一样的。

而且，了解他人的真实遭遇也能让司法官更恰当地适用刑罚，因为司法官对他们的改造效果会有不同的预判。

同理心不仅让我们能够接近实体的公正，最重要的是它还能够预防机械执法。

现在司法关注的重点逐渐从减少和避免冤假错案转移到减少和避免机械执法上来。

办案时间长了，司法官难免会有一种疲倦感，感觉自己像流水线一样在处理案件。案件已经成为一种负担，不再是我们施展法律抱负的机会。

这个时候，就容易产生一种"简单处理了事"的冲动。只要形式上符合法律规定的要件，我们就尽量起诉、定罪、判刑。

这样好像更快，不用费脑筋，又没责任。

此时的我们封闭了自己的内心，更不愿意接近嫌疑人、被告人的内心。

这样的结果就是大量机械套用法律的情形出现，甚至一些违背常理常识常情的案件也会出现。

有些案件还因为过于违背基本的伦理期待而引发公众关注。只是这些案件还只是机械执法的冰山一角，更多的案件因为没有"那么过分""那么极端"而缺少公众的关注。

但是这类案件的处理过程及结果对别人的人生的影响同样是实实在在的。

机械执法传递的冰冷感，注定会收到更加强烈的冰冷感和不满情绪。

公正不公正，人们心中有一杆秤。

这一杆秤也在嫌疑人、被告人心中。他们自己会掂量、会比较、会判断，对于案件的处理，他们心里是很清楚的。

我们不理会他们的述说，他们的辩解，虽然他们无力反抗，也无法改变司法结论，但是这份不满意会永远积郁在心头，这本身就是一种风险。

也就是说，我们不会理解别人，其实是一种巨大的风险。

因为我们不理解别人，注定也不会被别人理解。

因为不懂得理解别人，没有共情的能力，就不能恰如其分地处理案件，就可能给别人的人生带来不可逆的负面影响。

而这些人终于还是要回归社会的，仍然还要在社会上生活和工作，他们会持怎样的理念继续生活和工作？

他们会以什么样的价值观念来向他们的家人和朋友传导司法的价值？

除了嫌疑人和被告人，公众也是有巨大的共情能力的，他们会把别人的遭遇想象成自己的遭遇，从而加以预防，或者倾注巨大的关注、采取有力的行动以推动不公正的程序变革。

因为他们内心确信，如果他们不去推动，那么下一个遭受不公正待遇的，可能就是他们自己。从这个意义上说，这也是一种自保的本能。

这种社会共情能力会给司法带来很大的压力：一个案子办不好，就不仅是一个案子的问题了，就不是一个当事人"不答应"，而是整个社会"不答应"了。

某个司法官不会理解别人，但是社会公众有理解力啊。这就是社会网络的力量。

随着自媒体时代的来临，信息传播速度变得极快。比如个案的视频往往一夜之间就可以众人皆知，即使官方并未公布，也可以惹得满城风雨。

这本质上也可以理解为公众通过社交媒体等移动网络进行集体共情。

他们在将心比心，在感同身受。

这最终会导致司法者不将心比心、不感同身受也不行了。

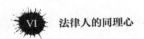

这个局面一定是被动而尴尬的。

当然，亡羊补牢，终究还是有价值的，但是它对司法的公信力也一定是有害的，而且为了补牢所付出的成本也一定是十分巨大的。

早知今日，何必当初？

从这个意义上讲，同理心已经成为法律人的必备素质。至少它可以有效避免重大司法风险的发生。

目前推行的少捕慎诉慎押刑事政策其实就是一种系统化的司法同理心。它是对犯罪结构以轻罪化为主体的理解，是对刑法功能有限性的理解，也是对轻罪背后社会性原因的深刻洞察。

它通过善意来激发善意，让大家明白，给别人机会其实是给自己机会。

当然，这并不是对犯罪嫌疑人、被告人的一味妥协迁就，而是对宽严相济刑事政策更加具有时代性的理解。

对那些暴力性、有组织性的犯罪，自然应该从严打击，但是面对更多的偶犯、初犯，或者由于配套制度不健全而引发的道德风险及其诱发的犯罪，我们就应该慎重。

对于没有其他违法行为，只是办假证加油的快递小哥，我们更应该保持同理心。

同理心不是感情泛滥，而是在用基本的伦理观念不断检验法律，是将天理、国法、人情融为一体进行考量，是一种人性化的司法观念。

人性化就是让司法有人情味儿。

让普通人能接受、能理解、能认可，进一步也就能信赖。法律必须被信仰，否则将形同虚设。

司法行为是在践行法律，其践行方式决定了法律的可信任度。从这个意义上说，同理心是司法善治的关键。

只有立法的良法与司法的善治相结合，法治文明才有希望。

刘哲

2022 年 7 月

于西直门

目　录

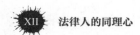

第一章　同理心

法律人的同理心

陈寅恪说，对于古人之学说，应具了解之同情，方可下笔。

这里的同情并非怜悯，而是换位之思考、处境之体谅。

对古人如此，对今人不也应如此？对学说如此，对他人的人生不更应如此？

因为，办案关涉他人之人生。

对一学说之褒贬或可转圜，对他人的刑事评价，关涉其人生路径，如何转圜？

比如冤错案件的赔偿金，能买回失去的人生吗？名誉呢？成功的机会呢？家庭的幸福呢？逝去的青春呢？对子女的影响呢？给他人留下的印象呢？

所以，法律人要以极大的敬畏之心来掂量手中的案件，思忖每个司法决定对他人人生可能产生的负面影响，以及这种影响的不可撤销性和不可挽回性。

我们也要将自己置于人生的审判席，扪心自问，如果我们处在被告人的情境，又将如何自处？

自己的妻子被人殴打，能不上前阻止和还击吗？还击要保持在什么限度，你自己又能够把握得住吗？如果你自己都把握不住，那你所谓"超过必要限度"什么的，又从何说起？

假如你是快递小哥，刚从农村进城，好不容易找到一份送外卖的工作。你会骑摩托车，却没有驾照，但是加油需要出示驾照，你会等几个月考一个驾照再去找工作呢，还是办假证加油，先把工作干起来再说？

在评价这些问题的时候，把自己放进去和不把自己放进去会得出完全不同的结论。

很多人是双标的，对自己和家人是一个标准，对他人是另一个标准。这里的本质区别就是是否包含了解之同情。

你不了解嫌疑人和被告人，不认识他们，不知道他们有什么过往的故事，有什么难言之隐，有什么不得已之处，有什么离奇的却真实的理由。你不想去了解他们，因为你不可能和他们产生长久的联系；你也不认同他们，因为你只把他们当作你需要处理的工作对象。

当然，很多时候这也是因为职业倦怠：案件办得多了，都疲惫和麻木了，已经成为办案的机器了。

你逐渐失去了同理心，失去了换位思考的能力和热情，所以也体会不到那一份不得已，那一份身不由己，那一份事出有因。你不愿意深究背后的故事，不想了解案件的真实原因，因为这要耗费你好大的精力。虽然这样可以帮助你对案件和案件的当事人建立真正的了解，从而产生对他人的一种了解之同情，但你不愿意，你觉得不值得、没必要。

但是对于自己，即使你犯了一些错误，也总可以找来很多理由。因为你了解自己，也心疼自己。对家人也有相似的地方，你了解自己的孩子、配偶、父母和亲友，你知道他们不是有意的，他们肯定有一些难言之隐，他们不是那样的人。因为你对他们是了解的，因为你们之间有牵绊，你愿意投入地了解他们背后的故事，而你本身恰恰也生活在这些故事之中。

你不可能生活在嫌疑人的故事之中，但这不妨碍你走进他的故事。如果你不走进去，就不可能有深入的了解，就不可能产生设身处地的同情，就无法真正理解他。在完全不了解，甚至漠视的情况下作出的判断，就很有可能是表面化的、机械性的，就无法做到让人心服口服。

理解有时是相互的。在你不理解他的时候，他也会故意不理解你，给你"捣乱"。所谓的司法公信力，案结事了，主要是看心里的结能不能解开，唯有真正的理解才能让心中的结解开。

一个经常理解别人的人，才能经常被别人理解，因为理解会带来信任。

一个能够经常理解当事人的司法机关，才能获得当事人的理解，真正获得公信力。这个公信力，就是社会安定的基石。

但是有些司法官就是无法主动理解当事人。很多时候，并不是他们没有同理心，甚至可以说，这是曾经的不被理解酿成的苦果。

因为他自己不被理解过，他也就不愿理解别人了。

比如，在缺少爱的家庭里长大的孩子，就有可能缺少爱心。因为他缺少爱的能力，他不懂得同理心这种思维方式，他没有设身处地为别人着想的习惯。

缺少理解的司法机关里的司法官，也不太懂得理解别人，这毫不令人奇怪。

因为同理心不仅是思维习惯、是能力，也是一种价值取向。

如果一个单位没有这种价值取向，动辄上纲上线，就很容易小题大做，也就是不容错。这种习惯不会杜绝错误的发生，因为杜绝错误是不可能的。动辄得咎，容易让人学会掩饰错误，不敢暴露问题，最终的结果一定是小问题累积成大问题。

在内部的不被理解，不可能转化为在外部的理解他人，反而更容易演变成自己也不喜欢的那个人。

因为人是被环境塑造的。

那么，我们用今日之规则和标准，评价十年、二十年前的案件的时候，还会敬畏法不能溯及既往的基本原则吗？

或者我们是否假设过，将自己置身当年，想象在当年的情境之下，我们又能如何？

如果我们不能如何，又凭什么要求别人如何？

而且这种适用事后法的方法，还能让人有基本的行为预期吗？比如，你如何能够确定现在的办案方式二十年之后还是正确的？

如果你认为这是不可能的，为何却要将这种不可能置于二十年前的司法官头上？

当你如此操作的时候，无非只是庆幸今天你处于评判者，而不是被评判者的位置。但你如何保障未来，或者就是很短的时间内，自己不被置于被告席上？

你用自己缺少同理心的行为铸造了自己的丧钟。

不要问机械执法的丧钟为谁而鸣，它就为你而鸣。

同理心是法律人理解真实世界的能力，只有对真实世界有真实的理解，才能最大限度地实现公正。

同理心也是维系司法机关内部良性运行的善意纽带，只有用理解、信任织就的网络才能传播理解和信任，才能让我们的内心不设防，才能让我们愿意分享善意，才能培养理解他人的习惯，才能提升换位思考的能力。也就是只有有人把我们的人生当回事儿了，我们才愿意把别人的人生当回事儿。

总要有人先迈出一步，先把别人的人生当回事儿——即使冒着自己不被当回事儿的风险。如果所有人都想着别人主动，那就没有人愿意主动理解他人。

那些有理解他人的能力，又不求回报的人，才是开启良性循环的火种。

我们需要利他主义者引燃枯涩的心灵，激活一潭死水。

这就是理想主义者的力量，他们首先学会理解别人，而不求回报。

因为不求回报，才有更大的回报。

为什么要理解别人

因为我们也渴望被人理解。

己所不欲，勿施于人。

你不希望自己不被理解，同样的，你就要去理解别人，而不是忽视别人的感受。

这就是理解的交互性。

因为人类社会的交往是一个网状结构，而网络需要互联。网络的本质就是交互性，它不是单向度的传播，而是相互影响、相互作用的。

只要你想在这个网络中生存下去，就不能只考虑自己的感受而不顾别人的感受。

有时候，我们以为自己只会对别人施加影响，别人不会影响到自己。

就比如医生之于病人，好像需要医治的只是病人，而不是医生；又比如老师之于学生，好像需要接受教育的只是学生，而不是老师；再比如司法官之于嫌疑人、被告人，好像被审判的只是嫌疑人、被告人，而不是司法官。

我们误以为自己处于金字塔结构的制高点：我们在上，受众在下；无论如何对待受众，我们都不会受到影响。

在这些特定的网络结构中，由于职业分工的特殊性，我们确实具有一定的强势性，能施加给对方的影响也更多。

但这绝不意味着，可以完全屏蔽对方对我们的影响。

比如在医患关系中，如果医生不能体谅患者和家属的感受，不能耐心地解释治疗的方法和风险，就有可能因为病人的误解和焦虑，增加医患纠纷的几率。虽然这并不意味着医生就是错的，但这一定会给医生带来麻烦，甚至是人身危险。

在师生关系中，如果不能因材施教，包容孩子的个性，不仅会扼杀天赋，还会因为压抑个性、打压自尊，给孩子幼小的心灵造成伤害。再加上将压力和责任推给家长，从而因为家长强烈的不满，进一步增加了师生矛盾。老师越来越觉得学生管不住，学生越来越觉得家长没有耐心，家长面对老师有苦难言，矛盾越积越深。

司法官在机械适用法律的时候，总以为自己办的只是案子，别人的人生与自己无关，以为自己总是处于审理者的角色。但是案件发生问题的时候，就会发现自己也会受到别人的审视。

这就是社会网络的交互性，你影响的人，同样也会影响到你。即使不是直接的反作用，但只要稍微在社会网络上拐一个弯，就可以影响到你。

比如向你的上级单位、主管单位或者有权机关进行控告、举报、起诉，都可以完成这种影响，这是国家给予弱者的救济权利。

这是法治社会的基本特征，有权利就会有救济，有权力就要有监督，有规则就要可执行。虽然不够完美，但大抵是有一条通路的。

这条弱势者的通路，就是强势者的紧箍咒。

所以理解别人，其实也是在保护自己。理解别人的难处，别人才能理解你的难处。

在医生医治病人的时候，虽然一个病人对他来说只是千百个重复的病例中的一个，但是对他的家人来说，那就是一条鲜活的生命，甚至全家人的依靠。

想到了这一点，多说两句又何妨？多听两句抱怨，多解释两个对你来说是常识性的问题，又何妨？

医疗行为是有风险的，对这个风险的规避，不仅仅是让家属签一个确认书了事。而是要让他们知道，你真的在尽力，不管难度到底有多大，风险到底有多大，他们知道你是真的当回事儿的。

多一点点耐心，就可以减少一些误解，减少一些纠纷，减少一些悲剧。

在从事教育工作的时候，虽然孩子很多，很闹腾，但是每一个孩子都是家里的心肝宝贝，也都有独特之处。如果老师不是以欣赏的眼光，而是以厌弃的眼光来审视那些不那么听话的孩子，只是将"听话"作为最重要的甚至是唯一的标准来要求，那么富有好奇心就成了不守纪律，敢于质疑就成了挑战权威，兴趣广泛就成了注意力分散，发展业余爱好就成了不务正业。可造之才成了问题儿童，开放的教育观念也连带着成了家教有问题。那么，家长是不是有合理的理由怀疑是老师的教育理念有问题，从而增加了向有关部门反映情况的可能？

老师如果能够更有耐心一点，更加包容一点，这些矛盾就是可以避免的了。

在办案的时候，我们为什么要理解嫌疑人、被告人？即使他的罪行严重，证据确凿。

我们要考虑的是刑罚的局限性，人的理性局限性。

我就问你：你是时时刻刻都能够理智地处理问题吗？

假如你的家人正在挨打，你是原地不动选择报警，还是先反击再报警？

如果你反击之后，把对方打得伤势更重，结果你被抓起来了，那么是否应该给你判刑？

你是不是希望司法官听听你动手的原因，听你讲讲当时的情况？如果此前大部分的案件都是唯结果论，或者司法官也没有耐心听你多说，还问你为什么没有先报警，为什么没有理智地进行处理，你做何感想？

案子办得多了，办案就演化为流水线作业，你还愿不愿意倾听背后的真实原因？

我们是不是也有过一些不得已，一些一时半会儿不能摆脱的困境，一些应急遭遇让人无暇多想？

我们根本不可能完全遵循理性思维来处理所有事情。既然如此，就不能过分苛责嫌疑人、被告人也做到完全理性。

我们理解他们，就是在试图理解这份不得已，试图理解犯罪的真实动因。

是不是有一些困境是因为法律不能及时提供保护，而需要自力救济的？是不是有一些案件，背后还有深层的社会原因，是社会保障没有到位，才酿成了今天的悲剧？

解决这些问题的根本方法不是惩罚嫌疑人，而是完善相应的社会机制。此时，嫌疑人的责任就应该得到极大的减轻，甚至有一些行为都没有必要提出指控。

比如司机酒后叫好了代驾，而商圈不让代驾下地库交接，就约好由司机将车辆从地库中开出来，结果刚开出来就被警察查到了。

那你说这到底是司机的问题，还是商圈管理的问题？处罚司机的意义何在？

我们不理解嫌疑人、被告人，不是说我们在同情他们因而放松了对犯罪的打击。而是我们深知公众所希望的打击，一定是精准打击、适度打击，而不是胡乱打击。

在一些涉众型的犯罪当中，有时候一抓就是数百人，这些人中有些就是刚刚毕业的大学生，只是因为相信招聘广告的信息而误打误撞地加入了一些实施经济犯罪的公司。如果仅以其在公司任职，存在一些看似不合规的行为，便推定其有犯罪故意，就显得过于苛责。

这就是强人所难的推理。

这种推理是一种不讲道理的蛮横行为，其背后是骨子里的单向度思维，认为只有自己可以随意拍板，对方只能听之任之，这就是一种权力的霸道。

殊不知，这样的司法官也可能被不问青红皂白地追责问责，那个时候他们最渴望的就是一颗同理心了。

法律人都应该有一颗同理心。因为我们办的不是案子，而是别人的人生。

我们传递的温度可以通过当事人的社会网络向社会扩散。如果我们传递的是苛责、冷漠和偏见，它们同样也会通过社会网络蔓延开来。

只有善意才能传递善意，而恶意只能传递恶意。

我们的同理心，不是别的，就是试图理解人类的不完美，接纳人类的不完美。

给每个人以机会，对每个人都不抛弃不放弃，这样才能让其他的同类更加安心。

因为我们深知刑罚的目的不是消灭和隔离，而是接纳和融合。

就像医生和教师一样。职责所在是治愈、关爱和鼓励，是一起克服困难，是理解对方的遭遇，是追寻问题的真正原因，是将心比心。

刑事司法的终极目的是对社会问题的治愈，而治愈的前提必然是对真实原因的准确理解。

我们为什么要理解别人？

因为我们想知道怎么能让这个社会变得更好一点。

一棵圆白菜和两个南瓜

一个人在超市的无人购物通道，通过少刷的方式偷了一棵圆白菜、两个南瓜、一根火腿肠和一根风味肠，大概 32 元钱。

但是因为是分四次偷的，所以说是多次盗窃，就构成犯罪了。所以被抓了，所幸最后检察机关做了相对不起诉处理。

每每看到这种案件，我心里就发酸：一棵圆白菜、两个南瓜、一根火腿肠和一根风味肠，他是不是平时就吃这些东西？吃不起什么贵的东西，也就不偷什么贵的东西？

他是做什么的？他的生活状况怎么样？他是不是碰到什么难处了？他到底为什么会偷这些东西？

我们会不会问这些问题？

当然，偷东西总是不对的。但是 32 块钱，是不是就算犯罪了？

我们只敢做相对不起诉，不敢轻易动用法定不起诉。

因为没有标准，没有哪部司法解释说，盗窃三次但是数额低于 50 块钱的就可以不按犯罪处理。

但是法律不是还有一个"情节显著轻微"的但书规定吗？

我们为什么不敢用，为什么不敢说盗窃 32 块钱可以做法定不诉？

因为我们不敢把好事做绝。

我们明知道盗窃 32 块钱没有必要起诉，但还是会选择留有余地的处理。

我们害怕法定不起诉激怒公安机关，因为这对他们来说是错案，会承担责任。而他们的直接反应是申请复议复核，这样会增加案 - 件比。而且复议复核就存在被改变的风险，被复议复核多了，也会被当作负面指标来评价。

既然如此，何必做得那么绝呢，做相对不起诉就好了，这样大家都好接受一些。

但是法律的应然状态是怎么样的？这个案件到底应该怎样处理才合适？我们能否超脱世俗的关系和考核压力，而只问法律和良知？

工作时间长了，很多人会成为现实主义者。

好像更加成熟、圆融了，但是非呢？别人的人生呢？

相对不起诉，也就是承认有罪，和法定不起诉是一个意思吗？对当事人是一个意思吗？

我们还在乎吗？

我们明知什么是对的，但不敢做到底，想必内心还是有过

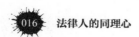

挣扎的。

但是盗窃100块钱就有起诉的了。当然，法院也给判，判了几个月的拘役。虽然刑期不长，但这就有前科了。

这样的案件真的需要刑罚处罚吗？刑罚真的是用来惩罚这样的人的吗？

受到影响的不仅是这个被告人，还有他的未成年子女，上学就业可就不好办了。他们以后可怎么办？

我们在处理案件的时候，可曾想过刑罚的负面效应，某种"株连"效应？

当然了，这只是良知问题。

这种机械执法案件在质量上反而是安全的：没有延期退补，效率上说不出来什么；证据、事实没有瑕疵，诉得出，判得了，甚至都没有上诉和申诉，更不会有复议复核。

没有人会复查这样的案件。

轻轻松松处理，踏踏实实过日子，没人找麻烦。

如果是不起诉，那可就不得了了！可能成为被永远怀疑和猜忌的对象。

每一轮复查都逃不掉了。

所以，即使32块钱的盗窃做了相对不起诉，也是鼓起了一些勇气的，也是值得鼓励的。我甚至相信换一个承办人，可能就起诉了。

从表面上看，好像是法律规定得有问题。盗窃罪降低入罪标准是为了解决废除劳动教养之后的轻罪处理问题，是不得已才扩大了犯罪圈，特殊情况下，犯罪数额减半。

这号称是"积极的刑法观"。不要以为提到积极就一定是好的。

积极的刑法观就是积极地用刑罚参与社会治理，对更多的人动用刑罚，把更多的人判刑，让更多的人带上前科，让更多的家庭蒙上犯罪的阴影。

对于这种积极，我们最好还是抱有高度的警惕。

这是对刑法谦抑功能的某种背叛，是以"刑法要跟上形势"的借口，来扩大刑法在整个社会治理方面的势力范围，扩大刑法手段在社会总的治理手段中的占比。让刑法更多地发挥作用，就是让其他手段少发挥作用。这背离了社会文明发展的趋势，社会文明的发展趋势是通过民事自治、经济调节、社会政策等方式就能够让人民过上幸福生活，社会文明的发展趋势是减少而不是增加暴力的使用。

刑法就是一种强制力，是一种必要的恶，对这种恶，不应该鼓励，而应该限制。

从这个意义上说，积极的刑法观并不值得鼓励。

因此，对于多次盗窃的犯罪构成要件，笔者建议增加必要的犯罪数额限制。比如设定在500块钱以上，因为特定盗窃情形数额减半的情况下构罪标准也是1000块钱，现在多次盗窃，再减一半也够可以了吧，这个范围已经不小了。

要想解决超市盗窃的问题，还需要社会政策：一方面是必要的福利和就业政策；另一方面是更重要的，那就是对信息化零售模式的管理。

无人监管容易放大人性之恶；初次漏刷之后又会鼓励人性之恶；漏刷之后出口闸机不报警，又是在放纵人性之恶。

为什么初次盗窃，明明已经监控发现，却不提醒？

为什么没有在无人购物通道设置醒目的提示标志，提醒消费者漏刷可能构成犯罪？

为什么不能让无人购物通道的物品，走一下专门的传送带，从而通过机器扫码的方式避免漏刷？这也是一种监督方式。

零售企业在设置无人购物模式的时候，是否为违法犯罪的预防设置了必要的机制，投入了必要的设施？还是他们不愿意投入任何成本，而是放任或者变相诱导消费者犯罪，从而通过超额的买赔金额盈利？更别说有些安保管理人员还能从中大发敲诈勒索的横财了。

新的商业模式需要新的管理模式，在保证效率的同时也应该不纵恶不做恶。

更深层次的问题，还是司法机关缺少以善治调和恶法的能力。

所谓"恶法"，并非坏的法律。很多法律只是没有那么灵活，与社会发展没有那么适应。如果机械地适用这样的法律，就会背离法律的初衷，也背离了常情常理常识的伦理基础，无法让公众感受到法律的温度,让法律有一种不食人间烟火的冰冷感。

司法机关的善治就是在调节法律的机械程度,也就是在调节它的温度。

就比如 32 块钱的盗窃,就做一个法定不起诉,你移送几起案件我做几起。公安看到这种情况也就不会再抓人了,超市也就不再动用刑事资源了,想敲诈勒索的也就不那么嚣张了。

不仅做法定不起诉了,检察机关还要对商超发出检察建议,督促其完善无人购物模式,张贴明显标识,设置无人购物商品的检查通道,这些设置好了之后,一旦发现漏刷第一时间就报警。消费者知道了,也就没人敢漏刷了。这不就是诉源治理吗?也是最好的犯罪预防措施啊。

当然,建设这些必要的检查设施肯定要让商超多花不少钱,但对于降低商品损耗,改进购物体验而言,也是值得的。

其实经常报案被盗的超市也就那么几家,而且明显属于管理模式比较老旧的几家。

笔者建议,对这样屡次建议也不予以整改,甚至发生安保人员敲诈勒索顾客的商家,也可以适当予以曝光,引起社会的关注。

但更应该关注的,是司法机关自身的管理环境是否老旧,是否符合新时代的发展需求,质量监管体系是不是与少捕慎诉慎押反着来的。比如谁少捕、慎诉、慎押就重点查谁,谁多捕、多诉、多押反而没事。

对司法官的态度不是信任而是怀疑，对司法的温度不是鼓励而是泼冷水。不是鼓励通过善治来弥补恶法，而是以对恶法的机械执行来否定善治的用心。这样的话，就与一些商超一样都没有进化出适应社会发展的运行模式，不愿意在好的制度上投入成本。也可以说，是我们内部的机械性带来了司法行为外部的机械性。

是超市内部管理的僵化导致了只能通过报案来解决商业管理问题，而僵化的司法管理模式将助长这种僵化的商业模式，从而导致一种商业＋司法的双内卷。

一个僵化促成了另一个僵化的延续，最后冻结在一起。

只有人性才能融化这层僵化的制度坚冰，只有人性化的管理模式——无论是商业的还是司法的，才能适应更加文明的社会发展需求。

好的刑事政策可以推动社会政策的改善，好的社会政策可以让刑事政策更加从容宽和。

在这样的环境中，人才是舒展的。

"盯梢"与监视居住

　　监视居住从地点上可以分为两种，一种是嫌疑人自己的住处，另一种是指定居所。因此可以分为家中监视居住和指定居所监视居住。前一种是原则，后一种是例外。

　　指定居所的适用范围很窄，只限于无固定住所的嫌疑人，或者涉及国家安全犯罪、暴恐犯罪的嫌疑人，在自己的住处执行可能有碍侦查的情形。

　　目前，只有指定居所监视居住可以折抵刑期。

　　但是从管理要求上，除了地点之外，对指定居所监视居住好像并无额外的要求。

　　一般性的要求都是《刑事诉讼法》第77条规定的这几种情形：

　　（1）未经执行机关批准不得离开执行监视居住的处所；

　　（2）未经执行机关批准不得会见他人或者通信；

　　（3）在传讯的时候及时到案；

（4）不得以任何形式干扰证人作证；

（5）不得毁灭、伪造证据或者串供；

（6）将护照等出入境证件、身份证件、驾驶证件交执行机关保存。

在管理上，上述要求并未单独区分是指定居所监视居住还是在自己的住所监视居住。

也就是说即使在指定居所，也就是公安机关提供的特定场所，只要经批准都可以离开执行监视居住的处所，这与羁押是绝对不同的。

而且刑事诉讼法还专门强调了不能在羁押场所、专门的办案场所搞监视居住，否则不就成了变相羁押了吗？

其目的就是强调监视居住与羁押的区别，前者应该有一定的宽松度。

就宽松度和自在程度而言，肯定是家里更好一些，如果没有固定居所的话，那就没有办法了。

从暴恐和国安犯罪——如果在自己的住处执行有碍侦查的，可以在指定居所执行监视居住的方式看，还是指定居所管得更严一些。

这主要体现在指定居所的指定上，虽然不是专门的办案场所，但它一定是专门进行管理的，也就是方便 24 小时有人值守。这在嫌疑人的住所地是很难做到的。

主要原因是成本。因为嫌疑人自己的住所地是分散的，每个住所都是单独的，且环境往往具有开放性，其建筑没有为监管配备专门的设置，因此要单独设置"盯梢"人员。有时，为了实现完全的包围，可能要设置多名"盯梢"人员，这些人员往往要在车里值守，相当辛苦，因此各个方面的成本都很高。这也是司法机关不愿意采用此项强制措施的原因。

指定居所则相对集中一点，一组值守人员，再结合监控设备，往往就可以管理一个楼层的被执行人，这个性价比就高多了。

虽然法律规定了离开住所要批准的制度，但是如果能够24小时值守，而且不经过管理关卡就出不去的话，那对自由的限制程度就高了很多。

虽然在家中监视居住也有限制，但是由于不能做到24小时无死角监管，常常会造成未经批准离开住所地以及通信等情况的发生，而且有些也是非常日常的行为，比如上街买菜、遛弯儿、串门儿，等等。

虽然这些非经批准的离开，肯定是违反监视居住的管理规定的，但是因为监管成本高，监管无法全面到位，所谓的监视居住就会变得更像取保候审了。

法律规定的方法就是电子监控和不定期检查。在电子监控不发达的地区，就剩下不定期检查了，而不定期的频率越来越低，监视居住就变得更与取保候审无异。

家中监视居住管理的松散，与指定居所监视居住的方便性和严格程度有所区别的前提，使得前者不折抵刑期，后者折抵刑期也就说得过去了。

以至于，在现实中如果提高对家中监视居住的监控水平，比如派人 24 小时"盯梢"，买菜也有人盯着，就会让人感觉被限制的程度与指定居所差别不大了，有些人就认为这种情况也可以考虑折抵刑期，但又找不到法律依据。

因为不管对家中监视居住"盯"得再怎么紧，也不可能将嫌疑人自己的住处解释为指定居所，不能将个别化的监管解释为集中化的监管，将开放性的环境解释为封闭性的环境。

前述观点的误解就在于，由于家中监视居住日常监管的松懈使得司法官以为这是一种常态，而加强监管就成为一种非常态了。

事实上，从法律的规定看，对于家中监视居住这件事，根本不可能解读出允许松懈的意味，否则法律也不会增加电子监管的机制，因为电子监管往往意味着 24 小时不间断地监控。

而不定期检查也不是不检查或者经常不检查，以至于家中监视居住变得像取保候审那样了。

法律规定的经批准才能离开被监视居住的住处，也不是儿戏。对于监管的不及时、不到位，对于违反监管规定行为的不追究，也有执行部门自己的责任。

对此，我们要承认三个问题：

一是监视居住的强度要高于取保候审，取保候审不可以折抵刑期，不等于监视居住就可以折抵刑期，只是现在的折抵规定考虑欠周，有必要设置更合理的折抵方案。

二是指定居所监视居住的监管强度大，可以与羁押状态作等值折抵，这个笔者没意见，但如果居家在自己的住处的监视居住好好执行，其监管强度也不小，这个不折抵，说不过去。

三是在法律没有修改之前，不能因为平时管理松懈，现在突然严格一点，就认为在自己住处的监视居住就等同于指定居所的监视居住了，这是违背法律规定的。

而且这会造成折抵标准的随意性，到底这个"盯梢"盯到什么程度就可以达到与指定居所监视居住相当的程度呢？完全没有确定的标准，这也不利于司法公正。

而且随着电子手铐、非羁码等羁押替代措施的普及，对在自己的住处的监视居住的监管力度很快就可以上来，也就是不需要人来"盯梢"，也可以实现全天候无死角监控了。

那是不是就都要将在自己的住处的监视居住解释为指定居所监视居住，或者干脆将所有的监视居住都解释为可以折抵刑期的监视居住？这肯定不行，肯定是背离了立法的原意的。

但是如果问我，是否有必要纠正？我想说这个必要不大，因为这种违法解释毕竟是有利于被告人的善意解释，某种程度上也是在矫正在自己的住处的监视居住完全不给折抵刑期的法律疏漏。

为什么要作不构罪不批捕?

　　有些人以为检察机关审查逮捕只是强制措施的决定与否的问题。也就是捕或者不捕就完了，为什么还会有不构罪不批捕的说法?

　　审查逮捕阶段与审查起诉阶段有一个很大的不同，那就是此时侦查尚未终结。也就是真相还没有完全浮出水面，此时就下定论是否谨慎? 是否应该等到侦查终结之后，在审查起诉之后再做决断?

　　那肯定就迟了。

　　因为迟到的正义非正义，正义来得拖拖拉拉必然要大打折扣。

　　等到审查起诉阶段再做决断确实是谨慎的，但是延宕数月的侦查时限将给嫌疑人造成巨大的讼累，其中的压迫感、屈辱感、焦虑感，非身受其难无法感受。

　　是的，一天都等不了。

　　并不是所有的案件都需要等到几个月之后才能搞清楚，有些案件在审查逮捕的时候就搞清楚了，那就应该及时拍板，当下决策。

所谓的不构罪大体有以下几种情形：

（1）没有犯罪事实；

（2）有犯罪事实，但不是嫌疑人所为；

（3）有犯罪事实，也是嫌疑人实施的，但嫌疑人没有责任能力；

（4）嫌疑人实施了犯罪，但情节显著轻微，危害不大，不认为是犯罪的。

无论是哪一种情形，都可称之为不构成犯罪不批捕。

前两种情形好说，就等于完全不是他干的，就是典型的抓错人了，那还等什么呢？

实践中往往是有罪证据和无罪证据交织，不能马上下定决心停止调查，往往还是要留有余地先作出存疑不捕的决定，先留一个活口再说。

只是有一些有防卫性质的案件，随着近年来正当防卫条款的激活，监控录像俱在，能够在审查批捕阶段就确定正当防卫性质的，就可以确定其没有犯罪事实，以不构罪不批捕作出决断。

当天就能够立即还人清白，就不要等到第二天。这给当事人和公众的感受也绝对是不一样的。

至于没有责任能力，因素涉及两方面，一个是年龄，另一个是精神状态。年龄有户籍资料，一般立案的时候就会搞清楚，除非是户籍登记时有问题，需要骨龄测定，那就需要一段时间，批捕的时候一般来不及。精神病鉴定的周期更长，一般也没法在几天之内得出结论。

最微妙的就是情节显著轻微这一条。出现这种情形的时候，就说明事情已经查清楚了。正是因为在事实清楚的情况下，才能判断是情节轻微还是显著轻微，这是非常微妙的判断，需要极大的担当精神。

这不仅是事实判断问题，也是刑事政策导向问题。

是机械地适用法律，有了一定的危害结果就捕；还是结合案件的起因、嫌疑人的主观心态、客观行为及其后果以及被害人在案情推进中的作用再决定，这是两种不同的司法方式。

在构罪即捕的时代，往往是套上法条就捕就诉，很少考虑行为的实质违法性和主客观相一致性，也很少通过常情常理常识来掂量行为的性质，考虑处理的结果对公众行为的导向。

有时候，司法官确实容易被公众的情绪裹挟。看到舆情汹汹，就尽量往有罪上论；看到舆情倾向于不构罪，才会考虑不构罪的理由。案件事实和证据成为任人打扮的小姑娘。

这样的结论往往经受不住历史的检验，虽然一时平息了舆情，但最终还是无法让公众满意。

这也是司法需要客观中立的原因。

司法需要考虑常情常理常识，舆情绝不等于常情常理常识，舆情有时候受到片面宣传的引导，带有一定的盲目性。因为公众无法判断信息来源的客观性，无法确定自己是否受到了误导。但如果信息资讯比较充分、客观，比如监控录像流出，那么对于那一小段事实的判断，还是比较容易得出相对公允的结论的。

如果没有相对客观、可靠的信息，而是依靠别人的主观描述，那任何人都难以得出客观的结论，这是信息不对称造成的。

相比之下，检察官的优势就在于他了解案件真实的、全面的信息，这是其他人所无法比拟的优势。另外，他受过专业的训练，有司法实践经验的积累，能够比较专业、理性地看待案件中的一些负面信息，不会仅仅因为愤怒而失去理智。同样是负面的、不法的行为，他还要区分是通过刑罚惩罚比较好，还是进行行政处罚就可以了。

他还要考虑刑罚的谦抑性。当然，这也是在他充分了解刑罚的有限性和副作用的前提下作出的判断。

这非常类似于医生专业性的判断。

做家长的都有这个体会，那就是一旦小孩子发烧了，大人就非常着急，恨不得抬脚就去儿童医院，去社区医院都不放心。看到医生就问要不要开药，得到"不用开药，回家物理降温"的答复，还总是将信将疑，不吃点药就不心安。殊不知，是药三分毒，孩子更应该谨慎用药。医生不给开药，有时更是一种担当，也是真的为孩子好。过多使用抗生素的副作用，医生了解得更加真切。

不构罪不批捕也有异曲同工之处，当检察官通过现有的事实能够判断此种行为不需要刑罚处罚，甚至不应该按照犯罪来对待的，他此时作出的不构罪不批捕决定，就是在给本案画上完美的句号。

这个不批捕不仅仅是不批准使用逮捕的强制措施这么简单，也意味着不需要移送审查起诉了，也进一步意味着侦查应该终止了。

《检察院刑事诉讼规则》第287条明确规定：对于没有犯罪事实或者犯罪嫌疑人具有《刑事诉讼法》第16条规定情形之一的（情节显著轻微就是情形之一），人民检察院作出不批准逮捕决定的，应当同时告知公安机关撤销案件。

可见，作出不构罪不批捕决定之后，还要同时通知公安机关撤案。

这是因为检察机关作为法律监督机关，还要履行侦查监督职责，其中立案监督就是重要的一项。

立案监督所涉及的情形既包括应当立案而不立案的，也包括不应当立案而立案的。

通过额外的线索发现不应当立案而立案的，要通知撤案。而通过履行审查逮捕的法定职责发现不应当立案而立案的，更是要责无旁贷地履行通知撤案的职责。难道还要等着别人告诉自己这个案子是不应当立案而立案的？自己明明已经看到了，怎么能装作没看到？

这实际上是将审查逮捕的职责与侦查监督的职责相互融合了。

因此不构成犯罪不批捕，不仅仅是捕与不捕的问题，它同时还是在履行立案监督的职责。

进一步的问题就是，这短短几天时间能不能看清、看透事实，从而能否保证通知撤案的审慎性。

这还要从侦查的基础质量说起。

通过推进以审判为中心的诉讼制度改革，检察机关通过不捕不诉和捕诉一体发挥传导作用，侦查质量已经得到了明显的提高。

尤其是在办理一些敏感的、社会关注度高的案件，侦查机关往往是不惜投入精力的，而且参与者都是精兵强将，在侦查初期比较短的时间内可以收集到相当充分的证据。

同时，侦查时机有一个衰减趋势，在初期是最容易收集证据的，越往后越不容易收集证据。所以不要看有些案件延长了几个月的侦查羁押期限，实际上往往不会获得多少进展。

我直接接触过一些社会关注度非常高的案件，基本来说90%的证据都是在侦查之初的两个星期内调取的。后来虽然逮捕了嫌疑人，但捕后的证据屈指可数。

而且一旦逮捕，侦查人员往往放松了压力，习惯忙于开启新案，对批捕了的案子也就无暇顾及了。

因此，虽然侦查初期的时间看似比较短，但是在侦查机关高度重视、充分取证的情况下，是完全有可能调取到充分的证据的。这些证据就为检察机关作出最终判断奠定了坚实的基础。

在事实已经清楚之后，判断轻微与显著轻微是否有十足的必要性？也就是说，有没有必要现在就得出不需要提出指控的结论？

这就是目前高检院推进的少捕慎诉慎押政策的现实考量。

长久以来，我们有一个泛刑事化的倾向，习惯于通过刑事手段来进行社会治理，实际上效果并不好。首先，这些犯罪情节轻微或显著轻微的人刑期很短，很快就会"出来"的。但是因为你把他们抓了、判了，他们就有前科了，他们的工作有可能就丢了，而且以后找工作还要报告前科，也就是更不好找工作了。进一步还可能影响到子女的上学就业等问题。较长时间的羁押和讼累，还会导致他们的社会关系撕裂，甚至家庭也因此破碎了。这些人对社会是什么样的看法？他们会怎么向子女和朋友传达自己的观念和感受？这种影响可能长达几十年，这会影响多少人？而这样的人还在以每年几十万的数量增加。

这些人是不是刑法真正要打击的对象，我们需要反思。

所以法治文明的发展要求我们慎用刑事手段处理问题，应该采用行政处罚、纪律处分、行业规范、公司管理制度等综合的方式进行治理。

作为人类社会的成员，我们还是要关注如何让人融入社会当中，而不是如何隔离和排斥一部分人。我们要学会接纳不完美，因为每个人都不完美。

包容不完美不是因为一个人一定有多大的价值，而是给同类传达一个不会轻易抛弃任何人的信念，是这个信念让我们能够结合在一起。

我们真正要关注的其实是产生犯罪的原因，从而去治理犯罪的源头，通过完善社会制度让好人不会变坏，让坏人无法作恶。

让恶行能够被及时追究，让不当的追究也能够被及时终止。

不当的追究，其实也是一种恶，及时终止恶就是让正义不再迟到。

不构罪不批捕就是让正义不再迟到，就是让不需要刑罚处罚的人能够尽快解脱出来。

法律人的同理心

打击之后怎么办？

犯罪要打击，但是打击之后呢？

人不可能永远被关着，总是要出来的，那个时候怎么办？

打击之后，妻离子散，工作没有了，出来之后以何种手段谋生？

本人受到打击之后，子女在升学就业等方面受到的不良影响怎么办？是否有救济措施？什么时候才会有取消这种"株连"制度的具体举措？为什么很多学者对此进行研究和反思？

现在的问题是，当下的基本犯罪结构是以轻罪为主的，而且这个轻罪的认定标准是越来越低，不是 3 年以下，而是 1 年以下。但是犯罪圈越来越大，体现了所谓的"积极刑法观"。

这种"积极刑法观"对于废止劳教制度，体现行政处罚制度与刑法制度的无缝衔接是有好处的。也就是将劳动教养这种介于两者之间的处分方式，大部分纳入司法体系中来，用刑法来评价，走刑事诉讼程序，这对法治化的进程来说是一个巨大的进步。

但是进步之后也有隐忧，那就是轻罪的副作用更加明显。

本来不是很重的罪行，却要遭遇同样的前科"烙印"以及对子女升学就业的负面影响。

如果是 10 年以上的重罪，那是"罪有应得"，但如果只是几个月的轻罪，很快就放出来了，却还是要受到如此的遭遇，就显得有点过了。

因为他们还有很长的人生需要展开，有很多的时间要融入社会，现在却马上要陷入困境。

社会关系崩坏，人身背负着巨大的"污点"，还要给子女带来厄运，这也直接影响到家庭的稳定。

也就是谋生的工作没有着落，家庭分崩离析，社会网络陷入崩溃……这还让人怎么融入社会，重新做人？

比如我们痛恨的醉驾。醉驾确实不应该，受到刑罚处罚也是应该的。但这是不是说明这个人就坏透了，社会就要永远提防着他？人们永远要戴着有色眼镜看他，让他永远受到鄙视，连同他的子女一直受到排斥？

这样真的对吗？

我们是要打击犯罪，但不是把犯罪人打死。

尤其是在犯罪结构以轻罪为主的情况下，应该更多地考虑如何让犯罪人复归社会。

比如，在前科消灭制度和"株连"制度不能从根本上解决问题、刑法的副作用又太大的情况下，就应该少用刑罚。

是药三分毒，大夫也会这么说，轻微头疼脑热，就要尽量少吃药，让肌体自身免疫力发挥作用。因为药吃多了，就会有边际递减效用。

比如充分发挥不批捕不起诉的作用，实际上就是给人一个机会。让他可以在不背负前科的情况下，能够尽快融入社会。当然，这一定是在他深刻认识到犯罪的危害，充分认罪认罚悔罪的情况下，尤其是在能修复社会矛盾的情况下，才能够作出不起诉的决定。

因为刑罚的目的不是将犯罪的人从社会上消灭，也不是永久性的区隔，因为犯罪的人也终归会回到社会。不管你是否愿意接受，他都是社会的一分子，他也会通过他的言行、他的家人、他的社会网络影响这个社会。

如果这个社会逼得他越走越窄，他一定不会对这个社会抱有好感，最终甚至会演变为一种负面力量。如果这种负面力量越积越多，那就相当于社会积累的矛盾也越来越多，最终会破坏社会的和谐。

人类社会要想运行下去，就要学会接纳同类的不完美，尽量包容所有的人，激发他们的正面力量，这样才能营造和谐的氛围，实现社会长期稳定的发展。

接纳一个不完美的人，并不是说这个人有多好、多优秀，而是给其他同类一个示范，也就是在任何人犯错误甚至犯罪的情况下，社会都会尽量展现一种包容的态度，体现出对每个成员不抛弃不放弃的态度。让每个人都能够安心生活，尽心付出。

即使有一些小的纰漏也不要过度的紧张，社会还是会给你一条出路，给你改过自新的机会。

不离不弃的家庭是温情的，不离不弃的社会也是温暖的。

现在，有一点小错就问责追责治罪，会给人一种动辄得咎，无所适从的感觉。

他的天真失去了，他的创造性不敢再发挥了。

在司法工作中也一样，如果想搞一点创新，那就可能与原来的处理结果不一样。如果说这是违反一般司法规律和处理习惯，好像也是对的。也就是说如果只有随大流是对的，那么不随大流就成为一种错了。

这种不随大流的行为有没有可能是徇私情？有可能。但是有没有可能也是一种创新，也是更加符合人性的具体公正？也是有可能的。而且后者还可能是主流。

但是如果只是拿一种常规尺度来衡量的话，那就将好的主流当作坏的逆流处理了，将趋势当作落后处理了，那样也就必然失去了司法进步的动力。

如果不能创造性地适用法律，不敢于开风气之先，害怕这是冒天下之大不韪，那就不可能有正当防卫条款的激活。

那样，不批捕不起诉也就不存在敢用善用的问题了。

因为敢用善用不批捕不起诉权，其实都是对传统上构罪即捕即诉原则的"反叛"，都是一种"不符合常规"的操作。

如果只是以这种机械执法的"常规"来要求和规范司法行为，那么任何的司法进步都会成为一种"罪"。

为了规避职业风险，就只能更多地体现打击，而无法顾及打击的负面效应。

因为大家普遍对于打击的负面效应在传统上考虑得不多，如果大家都考虑得不多，你的多考虑就成为一种冒犯和越轨行为，你就会面临被排斥、猜忌和拷问的风险。

这就会成为一种死循环。如果没人考虑司法官的人生，司法官也就没法考虑别人的人生，对人性的冷漠就会造就更多的人性冷漠。

大家已经记不得谁是第一个冷漠的人了，大家只会记得谁要是展现出理解和同情，谁就有可能被扣上"打击不力"的帽子。

是的，打击要用力一点，但是之后呢？

法律工具主义是一种短视行为

法律是人的行为规范。

但规范的导向该是怎样的，以何种方式调节人们的行为，取决于国家治理的需求。

如何能够保障规范的执行，取决于国家的治理能力。

法律并不是自发形成的习惯，虽然它也吸收了一部分习惯，但必须经由权力机关的认可才能产生效力。

法律只有经由司法机关的适用和执行才能发挥实质的作用，必须以国家层面的强制力作为保障才能实施。

当然，法律也必须被公民发自内心地信仰才能产生内生性的动力。

不同国家和地区的法律以不同的面貌出现，反映了不同的文化、习俗和政治制度特点，也必然要维护本国和本地区的利益。

但是人类作为同一个物种，总是有着一些共同的信念，有着基本的、共同的公平正义观念，以及普遍遵守的规则的，这些普遍性体现在各国的法律体系之中。

违背这些基本的观念和规则的法律和司法行为不能称之为良法与善治。

有些法律即使在本国和本地区是有效的，但是如果背离了普遍的正义观念，也容易沦为彻底的工具。

工具主义的只问利益、不问是非，虽然可以获得短期的利益，但是由于损害了整个法律体系的公正形象，从长远来说反而是有害的。

因为法律也是一种社会环境，是生活环境、工作环境，也是竞争环境。

通过扭曲规则所获得的压制对方、照顾己方的优势，并不能帮助自身培养出更加强大的竞争能力，反而容易陷入一种"自己还不错"的错觉之中，延误了发展机会。

因为强大的对手能带来竞争压力，没有足够的压力，就不会有足够的动力。虽然短期内保持了领先优势，但由于麻痹了自己、刺激了对手反而会产生弄巧成拙的效果。

法律是长治久安的公器。

它虽然服务于政治，但主要也是通过维护规则的公平性，保障环境的有序性的方式实现的，这与行政行为的灵活机变有着很大的差别。

如果将法律和司法行为当作行政调节工具，必然会以牺牲法律的稳定性和公正性为代价。

行政可以轻易调头，因为它更加灵活，更有针对性。

而法律和司法所针对的是普遍性的行为，法律是不能朝令夕改的，法律也是要求统一实施的，因为它的运行成本要比行政高很多，它的运行方式也要复杂很多。

这些特殊性就决定了法律需要高度的稳定性。

正是因为法律的稳定性，公民才有了行为稳定的环境。

法律必须符合公正的原则才会让人信服，让人发自内心地愿意遵守法律。法律不能强人所难，法律不能因人而异，法律不能损人利己，法律不仅要符合本地的公正原则，也必须符合人类社会共同的原则，才能在人类社会这个大环境中被普遍遵守，才是靠谱的规则。

动辄得咎，毫无安全感可言的法律环境必将比恶劣的自然环境还要让心生恐惧，会让人视为畏途，成为人员和资源流通的最大障碍。

正因此，法律工具主义其实是一种短视行为。

从暴力逻辑向权利逻辑的演化

司法发展与社会发展一样，有一个显著的趋势，那就是不断从暴力逻辑向权利逻辑演化。

比如从主张重刑主义向刑法谦抑的发展，司法上从构罪即捕、凡捕必诉，向少捕慎诉慎押的方向发展。

我刚上班那会儿，司法机构还是主张尽量逮捕的，谁主张"无逮捕必要"了，就会被批为"书生办案"。

刚到起诉部门那会儿，处长跟我说，别学谁谁谁啊，老拿不起诉意见，让领导觉得没有准谱儿。

但是如果是经济案子，有些确实不太好定，时常是战战兢兢、如履薄冰。领导又说他最讨厌骗子了，他说的是经济犯罪案件的嫌疑人，他说骗子嘴里没有真话，不要信他们。也就是让我不要老是相信被告人的辩解。

因此，拿一个不批捕不起诉的意见，就跟做贼似的，别人老是怀疑你有什么事儿。

如果一个地区的不捕率高了，上级院不会说你把关把得严，而会说你与公安的配合是不是有问题？

二十年前的司法指标导向，往往体现为刚猛的数据，多抓多诉多判才是好的，才能体现司法的作为。

但是近十年来，尤其是近五年来，司法的风向有了很大的转型，一些宽柔的数据，反而成了正面的导向，比如正当防卫不起诉案件，不批捕、不起诉裁决，判处缓刑的数据开始被认为是好的数据。

以前这些数据如果多了，司法官首先会自我怀疑：是不是打击犯罪不够坚决彻底了？和公安机关的配合是不是不到位了，没有讲大局了？

即使偶尔作出了宽缓的努力，也还是会不自信。

现在，从总体的方向来看，大家是将宽缓作为一种成绩，而不是问题来说的。

十年前还不是这样呢，宽缓还是作为例外出现，作为宽严相济不得不为的一种平衡和调剂。即使在进行宽缓处理的时候，也一定要严格控制它的度和范围，要极力避免宽缓无度。

为什么会有这个转变？这是刑事政策的一种导向。

也就是逐渐用权利的逻辑来代替暴力的逻辑，逐渐减少将刑法和司法权作为控制性的手段。

这主要是因为暴力逻辑的局限性正在显现。

暴力逻辑具有简单化、粗线条的特点，在静态、低水平发展的社会中可能用处还大一点，通过暴力能够把人震住唬住，而且权利意识还没有充分觉醒的人也吃这一套。

但是随着社会复杂性的增加，暴力逻辑会显得越来越不好用了，很多细腻的地方不好再用简单粗暴的方式处理了。而且总靠暴力也处理不到位，很多细节照顾不到，无法考虑周全。

暴力逻辑往往是自上而下的，是一次性的，无法产生内生性秩序，容易产生一管就死、一放就乱的问题。

有些犯罪虽然会受到打击，但是如果同类社会问题还在，犯罪的温床还在，那打击得再重再狠也没有用，而且用力过猛还容易伤及无辜，就会产生冤错案件。这就会使暴力逻辑的合法性和正当性遭到质疑。

即使打击得没问题的地方，也会连带着被怀疑。公众会因为某些个别案件的不公正，怀疑你所有行为的公正性。

也就是暴力逻辑越来越不能解决复杂性的问题。

在复杂性极大增加的社会，就要尊重权利的逻辑。

权利是公民个人的，尊重权利的逻辑，就是尊重权利主体自身之间形成的这种自发的秩序。

这个自发的秩序包括社会的习惯、商业的规则，主要体现为民商事法律关系，也包括政府通过经济社会等多元化的方法来对社会进行的治理。

这些规则多元庞杂，但是不至于让人提心吊胆，而是让人们的心理负担比较轻，不会具有强烈的压迫感。这样人们就会比较放松，比较有利于在松弛的状态下开展创造性的工作。而创造性恰恰是现代社会最稀缺的财富。

权利的逻辑是一种规则的力量，它尊重公民之间的自治，这些自治通过有形的和无形的规则来进行一种自主的管理。

它通过自我运行就能够增加社会的秩序感，而这个秩序感是有弹性和包容性的，不容易被破坏。

它尽量让犯错误的人在不脱离社会网络的状态下进行改造或者引以为戒，避免通过暴力将人们从社会网络上撕裂下来，让其难以回归。

这种逻辑在惩罚犯罪的同时更多的是考虑如何让犯罪人复归和融入社会，而不是简单惩罚了事，也就是更多地在思考刑罚的负面作用、刑罚的污名性以及对犯罪人家人的"株连"效应。即使是对犯罪的人，也要尊重，而不是无视他们的权利。

尊重他们的权利其实是对他们人格的尊重，这种尊重可以唤醒人们心中尚未泯灭的良知，让他们发自内心地忏悔，而不是感觉到无尽的痛苦和羞辱。

也就是更多地促使他们自己向善，而不是通过暴力压制他们的恶意。

因为恶意只能带来恶意，只有善意才能激发善意。

正因此，用权利逻辑来取代暴力逻辑，是司法文明演化的必然结果，是一种更加高明的治理方式。

这是一种自组织的秩序，用来代替强力控制的秩序。

因为强力控制的秩序往往无法久长，因为它没有内生秩序的根基。

尊重人、理解人，在司法的过程中有一份了解之同情，就是设身处地将人在其内生秩序之间妥善安放，尊重内生秩序的自我调节功能。

是通过信任和理解让人尽量变好，让内生性秩序作为人们行为的基础性约束机制，而暴力逻辑只是作为必要的补充。

暴力仍然是一种必要的恶，如果滥用这种恶，它的坏处很快就会超过它的好处而对社会产生破坏作用。

单位谅解到底有没有用？

有些盗窃超市的案件，虽然涉及的数额不多，但是由于盗窃达到了三次以上，这些案件就成为刑事案件。

超市常常又要求赔偿，又要求抓人；嫌疑人和家属往往急迫地寻求谅解。

嫌疑人想要获得谅解就要赔偿，这个赔偿数额从几十倍到数百倍，至少也要十倍以上。

可以说这个赔偿标准并没有任何的法律规定作为依据，但是家属考虑家人被抓了，往往顾不得许多，只要能获得谅解，多少钱都愿意出。

之前是超市的人员开口要，但是由于私拿了有可能被定为敲诈勒索，因此现在是让家属自己说，这样就是主动的赔偿，那这个数额的高低就变得怨不得旁人了。

同时，还有的超市是不要求赔偿，只要求追究刑事责任。

总结起来，大致的情况就是有的超市要的多一点，有的超市要的少一点。有的超市要完，工作人员私底下也要，否则不给办谅解。因为这个谅解不是一个人的意思表示，而是要单位层层的审批，审批的过程中哪一个环节不通过，这个谅解都是办不了的。

看起来是单位的谅解，其实这是单位中层层的经办人的谅解，也就是层层的权力了。

那这个谅解到底有什么用呢？

这主要是因为适用刑事和解制度以来，司法机关就把这个谅解看得很重。

往往是有了谅解、和解才有可能判缓刑或不起诉，没有谅解、和解的，那就是社会矛盾没有修复，也就是被害人一方还有意见，这个时候缓刑或不起诉就不好做。即使是量刑，从宽幅度上也会有所保留。

怕的就是一方当事人闹起来，引起涉法舆情，那样案件资料就有了问题了。

而且被害人一方面不满意的情况下，给了不起诉、缓刑，也容易被领导怀疑是不是背后有什么猫腻，才这么无所顾忌的。

这在理论上好像是修复性司法，但其实主要也是害怕承担责任。

如果伤害案件等涉及个人的犯罪，这还是能够理解的，因为侵犯的是个人权利，尊重谅解，就是尊重被害人个人，尤其是对被害人人格的尊重。

也就是不仅是经济补偿，还要有精神补偿，精神层面谅解了，社会才能和谐。

但是单位作为虚拟人格，与自然人有所不同。

单位是拟制人，并不是真正的人，它并没有自然人那样的人格和情感。尤其是盗窃行为，也不涉及太多情感方面的内容，更不要说被害方是单位了。

因此这个谅解的意义与侵犯自然人权利之后，被害人的谅解就是两回事了。

对被害单位的补偿主要是经济意义上的，也就是必要的赔偿就可以了。当然，目前没有特别明确的赔偿标准，但是十倍以上，甚至数十倍、上百倍的赔偿显然是没有任何依据的。而只有达到如此高倍数的赔偿才能够达成谅解更是没有道理可讲的。

如果这个被盗窃的人是一个自然人，那这个人真是十足的贪婪了，不要说赔偿的法律基础了，道义和伦理基础也不存在了。

但正是因为司法机关非要这个谅解才好做从宽处理，才导致了被害单位有了这个强索、讹要的权利，也因为这些嫌疑人早早地就被采取了强制措施，这些单位也就有了可以拿住别人的优势。

从本质上说，单位并没有什么太多可以去谅解的，因为它没有受到情感上的伤害，这些单位之所以拿出了谅解的态度，也不是拟制的人格感情上得到弥补了，只是其工作人员觉得钱拿到位了而已，与单位的情感无关，单位也没有什么情感可言。

在这个问题上，司法机关是用错了感情。

将一般民间纠纷的赔偿谅解套用在涉及单位的犯罪上，是对修复性司法的制度精神领会错了意。

因为单位不存在情感，尤其是在侵犯财产犯罪上，单位更不存在所谓受到人格的伤害，只是存在经济损失是否能够得到补偿的问题。

因此，进行经济补偿了，就是对被害单位损失的一种修复，额外的谅解没有必要，使用数百倍的赔偿款换取的谅解更是完全没有必要的。

只要补偿了必要的经济损失，并且能够表达一定的悔意，就可以对单位损失实现修复的效果。在这里，所谓的谅解与不谅解没有任何差别。

正因此，单位的谅解至少在财产犯罪方面来说是没有必要的，可以取消和免除。

嫌疑人对被害单位只要赔偿并表达悔罪态度，就可以获得从宽的待遇，情节轻微的也可以作出不起诉处理。也就是不用一定要得到单位的谅解，这样就可以免除在求得谅解过程中的层层刁难，因为这些人得利与单位没有关系，与修复社会矛盾也没有关系。

还有一些单位不愿意接受赔偿。有些单位希望可以通过不要赔偿的方式，给被告人更多的刑罚，但是给多少刑罚不是单位说了算的，更不是单位的某些工作人员说了算的，不是单位想处罚重一点就可以重一点的。

如果犯罪嫌疑人有能力赔偿，也有赔偿意愿，那单位也没有任何理由不接受这些赔偿。这些不接受赔偿的工作人员也未必能够代表单位这个拟制人格的根本利益。

对于这些既有赔偿意愿也有赔偿行为的嫌疑人，可以视同已经赔偿的嫌疑人进行从宽处理。至于被害单位放弃赔偿的行为，则是一种自愿放弃赔偿权的行为而已。

至于那些要求超高额赔偿，以及工作人员自己的不当好处想要而不得的情况下，拒绝嫌疑人合理的赔偿数额，并据此不给办理赔偿手续，不开具谅解书的行为，也相当于嫌疑人已经履行了赔偿义务，而被害单位自愿放弃所赔。不应将单位部门工作人员的违法意图和不当利益没有满足视为嫌疑人的认罪悔罪态度有问题，从而剥夺依法对其从宽处理的待遇。

任何人都不能从自己的违法行为中获利，被害单位的工作人员也一样。

因此，单位的谅解其实没有太多的实际作用，建议不要再作为司法考量因素，只考虑合理的赔偿因素即可。

第二章

公正心

不公正的代价

这几天看了《怒火·重案》，一开始就是警员被不公正处理的剧情，结果这位警员大开杀戒了。

可见不公正带来的代价是很惨痛的。

绝大多数的不公正不会带来如此严重的后果，但也绝对不是完全没有后果，只是这些后果通过或明或暗、或迟或早、或大或小的方式表现出来。有些后果不是不严重，只是严重的后果我们不知道。

当然，电影是戏剧化的，其中大开杀戒的对象既有冤案的制造者，也有无辜的警员和群众。

那么这里就有一个问题：这种报复是正当的吗？伤及无辜应该吗？

当然，我们都知道这是不应该的。

但是被冤枉的处理结果又如何解决呢？有正当的途径吗？

所谓人为一口气，他们之所以大开杀戒就是为了出这一口气，虽然他们也知道后果可能更为严重，但是他们就是咽不下这一口气。

有人可能说，为什么他们就不能咽下这口气，就让自己默默忍受这些冤屈？而且判刑判得也不重，不是年纪轻轻也就放了出来吗，也可以过生活啊。为什么要闹得如此天翻地覆，给别人和社会惹麻烦，最终也让他们自己万劫不复呢？

但是就是有人咽不下这口气。

人类最不能忍受的是自己的尊严被挑战，自己的人格被侮辱。如果遭遇不公正的对待，就是要拼命讨一个说法，有时候不惜耗费自己的整个人生。有的人为了讨要说法，甚至为了帮家人讨个说法，正常的生活都可以不要了，就全耗在争这口气上。

很多人都想不通，除非自己摊上事儿。

这是因为人类是一个会进行抽象思维的物种。他们视荣誉和尊严高于一切，他们在意同类的评价，不满足于生物学意义上的活着，希望像人一样活着，受到人类共同的尊重，得到应有的待遇。

他们不是简单地将不公正的刑罚视为几年的自由被剥夺，而是认为自己应有的幸福人生被剥夺了，自己对上级和团队的忠诚遭到了背叛。他们希望有罪之人得到应有的惩罚，自己的罪名可以得到洗脱，希望别人能够感受到自己当时的不得已，让人们了解到这起事件中的灰色地带。

他们希望能够得到了解之同情。这种同情不是所谓的感情泛滥，而是对犯罪特殊性的了解，对犯罪起因的深层次了解，对行为背后社会性和制度性原因的理解和体谅，对案件整体处理的综合把握。

我们可以拿大道理来批判他们，但是无法使他们信服，甚至无法使有着同样遭遇的任何人信服。

只是很多人没有实施报复性的行为，而是选择了忍气吞声，但他们绝不是没有怨言。

但是如果这种冤错的行为多了，就难保不引起激烈的抗争。

他们的行为虽然过激，却有自身的逻辑性和合理性，这也是他们与社会抗争的方式。

他们所有的行为可以归结为一点，那就是让社会知道他们的冤屈。这就是所有暴力情绪的出口。

如果我们能够及时知悉到他们的冤屈，及时纠正这样的冤案，那么他们就可以找到情绪发泄的出口，就可以尽量抚平伤痛。

当然，最好的方式还是预防此类冤错案件的发生：一方面要实质性地实现公正，不仅仅是形式意义上的唯结果论，不是只要案件有问题就追责，还要看到底有没有过错，这个过错到底是谁造成的。另一方面，要严格依照程序正义原则，确保受到冤枉的司法人员、侦查人员能够充分进行自我辩解，对他们也能够坚持疑罪从无的原则，而不仅仅是将他们作为司法机制体制问题的"替罪羊"。

如果我们对执法人员都不能做到公正，又如何要求执法人员去实现公正？他们会寒了心。

而寒了的心，不仅是冰冷的，甚至有可能是破坏性的。

法律人的信仰是维护公正的重要防线。

如果连法律人也丧失信仰，那他们就会变成冲破公正防线的利刃，因为他们知道这条防线的薄弱环节，如果这种怨恨转移到整个法律体系，那整个法律体系就可能变成其攻击的目标。

而且这种怨恨是难以化解的，是根深蒂固的，是毁灭性的。

这就是不公正导致的代价。

在旁人看来，忍一忍不就过去了吗，总要想想老婆孩子啊。

但是他们想的是，当他们遭遇不公的时候，没有人想过他们的老婆孩子。而且他们的老婆孩子看他们的眼神也和以前不一样了，有些甚至已经妻离子散了，就是因为不公正的处理。

因为不公正的处理是具有污名效应的，会把人从其自身的社会网络中撕裂下来，根本不能复原，即使平冤昭雪了也复原不了，更不要说有些还无法昭雪。

因此，那些让他们忍耐过去的说法，也只是一种站着说话不腰疼的姿态，从本质上也是一种对冤错行为及其体制机制原因的容忍和纵容。

如果所有人都选择沉默，那么这个体制机制的漏洞最后会变得不可遏制，会毁坏所有正直的人格。不能同流合污就可能付出代价，稍有抗争就会被打压。

因此，总是要有人站出来，总要有一种极端的和激烈的反抗才会引起社会足够的重视，才能引发体制的完善。当然，这是以自我牺牲为代价的，但也只有制造恐慌感才能引起足够的重视。

毕竟，并不是每一个人都会冷静克制，有些人就是会充满怒火。

这些怒火就是不公正带来的代价，也是希望公正的制度能够在浴火重生的期待。

隐含假设

控辩双方都认为被告人属于如实供述，只有法院认为不是如实供述，并依职权核实调取了一些外围证据，用以证明被告人当时系明知，其辩称不明知不属于如实供述，并以认定如实供述的事实不清为由发回重审。

此时，在重审阶段，控方是否还要补充出示证据，以证明被告人系明知？

很多人会认为控方应该补充出示证据，因为举证就是控方的义务，既然事实不清，那就要补充出示证据。

但现在的问题是，控方并不认为事实不清，那为何还要出示证据？用来证明什么呢？

用来补强原来关于被告人如实供述的假设吗？控方的举证责任到底是什么？如果控方不举证，那么谁来举证？

这个问题有点绕。

控方的证明责任，核心是有罪的证明责任。

在指控这个问题上就是要证明有罪——检察官来到法庭上不是为了证明无罪的，否则也就不应该来起诉，而是应该作出不起诉决定。

起诉之后，一旦控方发现证据不符合起诉条件了，也不应该继续补充证明，而是应该撤回起诉。

为什么无罪就不用继续证明了呢？

不仅是因为这与指控的职责相悖，关键是"无"是证明不了的。

"有"可以证明，用什么证据可以证明"无"呢？

一个人用什么证据可以证明自己没有犯罪呢？同样的，检察机关用什么样的证据能够证明被告人确实没有犯罪呢？

事实上，只要没有确实充分的证据能够证明其有罪，他就是无罪。

无罪不需要证明，无罪是一种推定。

当然这是无罪的情形。

那么罪轻的证据呢？是不是与无罪一样，也是一种推定？还是与有罪一样是需要证明的？

我觉得它介于两者之间。

证明有罪轻的事实，只需要适当的证明，因为这里包含了无罪推定的色彩，一般被称为存疑有利于被告人原则，但推翻罪轻证据的就需要充分证明，因为这相当于指控的意味了。

一般是辩方会主张罪轻，比如主张认罪、自首、坦白等情节，他不需要确切地证明，他只是需要适当的证据和论证就可以了。但是如果要反驳他，认为不属于认罪，不属于自首、坦白，那就要证明：哪个地方是不认罪的、与现有事实是矛盾的；哪个事实是成立的，而他的供述是不成立的。反对自首、坦白也一样，既需要充分的论证也需要充分的证明，其中就包括拿证据来说话。

而主张罪重的一方原来一般都是控方，因此往往就认为证明有罪、罪重就是控方的责任，控方要履行好举证责任。

但是现在检察机关讲求客观公正义务，不仅是庭前搞正当防卫、不起诉。在指控的时候也会客观描述被告人的犯罪情节，罪轻的情节该说的也一定要说。

就比如认罪这个情节，那就是公诉人认为被告人的供述与事实是相吻合的，就可以了，至于是不是要一句话一句话地与一个事实一个事实相对照看到底吻合不吻合，这是不需要的。

这就是罪轻事实的适当证明原则。因为这里隐含了无罪推定的意味。

也就是不能证明他不认罪，供述与证据不吻合的情况下，那他就是认罪的。

相反，如果反对认罪这个结论，那就应该充分证明了。

显然，辩护人一般不会反对罪轻的观点，被告人自己更不会反对。

现在往往是法官反对这种罪轻观点，这是一个值得关注的现象。

法官反对就是创设了一个控方立场，实际上就是他在指控，他在论证有罪、罪重。那根据实质的举证原则，就应该由他来举证，这个举证主要就是说明、论证罪重的观点。

但往往法官也论证不清。

这就会引起上诉和抗诉，而上诉、抗诉的观点甚至可能是一致的。如果二审法院也认为不认定罪轻是没有道理的，因为论证罪重有一个充分说明的义务，那最好的方式就是直接改判。

如果不能直接改判，认为存疑而发回，此时对罪重问题负有举证责任的也不应该是控方，因为控方从未坚持过此类观点。他当然没有义务帮助法官论证自己并不主张的观点。

那接下来的问题就是：控方有没有必要就罪轻的观点再进一步论证，甚至举证？

笔者认为也是没有必要的。

因为论证罪轻本来就是适当证明责任，而不是充分证明责任，这是无罪推定的延续。

还是那个基本的逻辑起点，也就是我们无法证明无，也很难证明轻。比如认罪这个事，我相信他是诚实的，他说的话也与事实相符，我还要怎么证明他是诚实的？一句句地证明供证相符吗？

只有否定这个观点的人才需要拿出证据来。

并不是因为是控方就要不停地拿出证据来，而是主张罪重的一方要拿出证据来。

主张罪重的一方才是实质的控方，因为这是指控立场。

此时主张罪重的法官实质上是在履行指控职责，当然就要履行举证义务。

在实践中法官是不愿意举证的，这也很别扭。他就很想让检察官来完成这个别扭的任务。

让检察官补强罪轻的情况，从而可以再找到一些理由来反对这些新证据，继而就显得罪重事实更加成立。

很多检察官由于也绕不过来这个弯，往往就会顺从照做了。

结果就是，越证明越不好证明了，越不好证明就越感觉证明不了，看起来似乎是罪重观点更有道理。

其实是因为无罪、罪轻事实在逻辑上就存在不可证明和不易证明性，另外从程序公正的角度出发还要严格坚持无罪推定原则。让罪轻反复论证的隐含假设其实是有罪推定。

也就是他推定你是有罪的，所以你要拼命地证明自己是清白的，只要你的证明有一点问题，他就会说你没有论证清楚，所以你就是有问题的。

同样，在推定你是罪重的情况下，就要你拼命地证明自己是罪轻，只要你的证明有一点不到位，那你的罪轻结论就不成立了，就自动地滑向罪重结论。

但应该这样吗？难道不是证明不了有罪，就是无罪；证明不了罪重，就是罪轻吗？怎么可能是相反的呢？

说白了，还是有罪推定的潜在心理作怪。

控方不敢坚持原则，也是无罪推定观念树立得还不够牢固，还不够确信。

明明是正确的，却不敢大声疾呼。

明明有的人完全不讲道理，却总是道貌岸然。

当正义不敢站出来，不公总是有办法爬上我们的头顶。

如果我有罪，我就认罪认罚

这种情况我也遇见过，你说这算认罪认罚吗？

对于事实和证据的辩解依旧，或者略有变化，但最后在结尾的时候说：如果还是算我有罪，我就认罪认罚。

读者也向我反映过这个情况，这个问题的确值得探讨。

这些人还不是你劝他认罪认罚的，而是他们主动认的。

这也反映了他们对认罪认罚有了自己的认知，也间接印证了认罪认罚观念的普及和深入人心。

为什么要强调自己认罪认罚呢？因为认罪认罚有一个从宽的好处，这个好处谁都不想丢。

其供述中还是充满了无罪、罪轻的辩解，与指控的事实和一审判决认定的事实不一致，但是话锋一转：如果最后还是说我有罪的话，那我就认罪认罚。

这其实是一种假设型认罪认罚，这个假设有两种可能性。

假设一：假如我说的那样的行为仍然是犯罪的话，我就认罪认罚。也就是认事，只是对行为性质有辩解。

比如把人打死了，到底是故意杀人还是故意伤害致人死亡，对此有辩解。根据两高三部关于认罪认罚的意见，虽然对行为性质提出辩解但表示接受司法机关认定意见的，不影响"认罪"的认定。

也就是说对指控的事实没有异议，就符合了认罪的本质。

至于对于法律认识上的辩解，由于属于比较专业的问题，不能苛责被告人一定完全了解，所以如果他说错了，或者有自己的理解，问题都不大。

从这个意义上来说，这种辩解并不影响认罪认罚的成立。

实践中，这种情况还是相对较少的，可能也不是本文要重点讨论的类型。

本文要重点讨论的是第二种。

假设二：如果我无罪、罪轻的辩解没有用的话，我就认罪认罚。

也就是被告人其实是对事实有辩解——不是法律认识，而是证据和事实问题。比如对于自己没打人的辩解，虽然在有证据能够证实他打人的情况下，他还是辩解没有打人，或者只是跟着去了，没有动手之类。

一审时也坚持这个辩解，只是一审法庭没有采信，也就是无罪辩解没有发挥作用。

到二审了，觉得还是这么辩解也不会发生作用，最后就补充了这么一句：如果还是定我有罪，我就认罪认罚。

本质上他这是无罪辩解，但他自己预估这种辩解可能没有什么用，最终还是要判决有罪。

如果继续辩解下去，那从轻的可能就没有了。

甚至有可能在二审期间都进行了一些赔偿了，做了一些和解工作了，但是继续辩解的话，对获得从轻判决还是不利的。

一方面还是想把无罪的辩解说出来，万一能够被采信并判无罪呢；另一方面，在知道大概率判不了无罪的情况下，从现实的角度来说争取从宽才是比较实际的目标。

这种认罪认罚的矛盾之处就在于，被告人对于无罪和从宽都想要。

这就衍生出了两种可能性。

1.

被告人真的是无罪，但在实质化的庭审中不得不选择认罪认罚。

他觉得说了白说，说无罪也没人听，法庭也审不出来。什么实质化呀，被告人内心深处对庭审实质化是没有信心的，是无奈的。所以就来一个好汉不吃眼前亏。先口头上认一下，把从宽拿到手再说。

此时的被告人不仅是对法官没有信心，对检察官也是没有信心的。

因为他知道检察官不会管他的认罪是实质认还是形式认，只要说认罪认罚，就有具结书可以签。

尤其是他还是主动说的，检察官又没有费力气，感觉是捡了一个认罪认罚的便宜，没有任何理由会拒绝。

他以为检察机关抓认罪认罚，就是对认罪认罚的数量特别在意，对质量没有那么在意。

所以他嘴上说认罪认罚，但内心深处并没有那么地尊重司法机关。

如果真的是无罪的人、无罪的案子却审不出这样的真实结果来，也不想审出来的司法机关，确实也没有什么可值得尊重的。

2.

更多的可能是，被告人其实是有罪的，但他隐藏了自己真正的罪行，想尽量说得轻一点，但又知道完全不承认也不可能了，就往后退一点吧。

这其实是一种避重就轻的供述，就算是认罪，也是认罪态度不好。

现在这些案件基本都不存在刑讯逼供，无论认罪也好，不认罪也罢，其实都是被告人自己的选择。

在这种情况下，一审选择不认罪，是一种争取利益最大化的策略，利用证据的个别疑点，再加上自己的不认罪，形成某种合理怀疑。

比如三个人看见他打人了，一个人没看见，他自己说没参与。感觉就形成了一种 3∶2 的状态，似乎可以一搏。

但是一审仍然认定了，而且判得比预期要重。不认罪比认罪要重这是合理的，也是显然的。

这个时候，认罪就成为其争取从宽的有力砝码，尤其是认罪认罚给其争取从宽处理创造了制度性的路径。

赔偿、达成谅解就是其策略的一部分。既然完全没有责任，为什么要进行大额的赔偿呢？良心发现了？那一审的时候，没有良心发现吗？

因为一审的策略是无罪辩护，如果无罪了，就不用赔偿了，如果那时候赔偿了，不是浪费钱吗？

所以你说二审时赔偿是良心发现吗？

当然，不能说赔偿就是人家承认有罪了，赔偿并不等于一定有罪。民事上、道义上也可以进行赔偿，但客观地说，赔偿是悔罪的表现，对适用认罪认罚从宽来说是加分的。

只是，既然有罪，为什么不真诚地彻底交代呢？这样不是让认罪认罚的效果打折扣吗？

非也。

实践中，司法机关对认罪认罚的彻底性没有那么计较，既然被告人都笼统地认掉了，直接判就行了，看到赔偿谅解就从宽了，没有人特别去研究他认得彻不彻底。

而且被告人在避重就轻的情况下认罪认罚，如果司法机关接受了这种说法，那他就以为是在较轻的行为起点上从宽的，那自然会宽上加宽，他可以得到额外利益。

也就是避重就轻瞄准的是起点刑，被告人要的不是重行为的宽，他要的是轻行为的宽。

他想通过不清不楚的认罪态度，骗取超额从宽。

这里就涉及从宽的局限性：一旦上了刑档，就下不来了。比如10年以上刑罚，表现得再好、再诚恳，也是10年以上。

但是如果能骗得一个从犯的待遇，而且行为很轻，那就3年至10年，又赔偿、又谅解，最后都可能换一个四五年的刑罚，10年以上跟它怎么比啊？

如果他老老实实交代了自己的重行为，结果认定为主犯，被判刑10年以上妥妥的，11年、12年都有可能，两者可差出了七八年啊，差得多大啊。

所以你说他为什么要避重就轻？

这里的利益太大了。当然也是因为认罪认罚没有作为法定减轻的情节，从宽的幅度太有限、太机械了。

假设型认罪认罚的要害其实就在于从宽幅度的大小。

真诚认罪认罚悔罪所带来的从宽利益远远低于不真诚认罪认罚所带来的利益。

而此时的不真诚没有任何风险：首先，有了上诉不加刑的保护，不可能再加重，顶多也就一审这些判决了；其次，毕竟赔偿了，多少也得从宽点吧，这也是客观事实；最后，万一司法官审得没有那么仔细呢，不就糊弄过去了？

所以成本很低，收益很高。

而且这一次不是选择对抗，而是配合，虽然有点辩解，但包裹在"赔偿＋认罪认罚"的外衣之中，就像是一个糖衣炮弹，更有诱惑性。

所以，认罪认罚中"一个不放弃""一个不凑数"原则是双向的。

既不能让无罪之人委屈认罪一诉了之、一判了之，也不能对投机认罪、假装认罪骗取从宽听之任之。

当然了，这个骗取也不是全假，毕竟赔偿是真的，供述也比之前更进了一步，这些也应该实事求是地予以肯定，在从宽上多多少少予以体现。

回避主要犯罪事实的供述绝对不能算作认罪，明明是主犯却冒充从犯的，也不应当算做认罪认罚，这是认罪认罚的底线。

但是，即使不是认罪认罚，赔偿的情节，态度的转好都可以在量刑上予以体现，不搞认罪认罚依然可以适当体现从宽，只不过此时的从宽，不是认罪认罚的从宽，而是一般意义上的从宽而已。只是非分的从宽利益拿不到了而已，考虑到其避重就轻的态度，在一般从宽的幅度把握上要比较谨慎，避免形成错误的示范。

只有恰如其分的处断才能叫作公平正义，才能获得人们发自内心的尊重。

酒驾两次可以考虑降低入罪标准

目前，血液酒精含量 80mg/100ml 是酒驾与醉驾的分界线，也就是行政处罚与刑事犯罪的分界线。

当然各地有一些浮动，比如将 80mg 提高到 120mg、150mg 不等，但仍然存在界定维度过于单一的问题。

这确实处罚了喝酒过多还开车的人，但是对于屡教不改、习惯性喝酒开车的人却缺少足够的处罚。

也就是即使三次、四次的 70mg/100ml，都不能入罪处罚。这与偶然的一次 85mg/100ml 相比，显然危害性更加严重，也更加危险，这是刑法设置的一个疏漏。

那些常年喝酒开车的人，显然更应该是刑法惩治的对象，而且其知法犯法，多次行政处罚对其已经没有效果。

以往我谈得比较多的是宽的一面，本文中我再谈一些应该严的方面，也算是宽严相济。

这个宽严相济的原则就是对于初次犯罪不一棒子打死，引入步态测量作为复合性标准，给初犯偶犯者一次机会，通过吊销驾驶执照的方式最大限度地降低其再犯风险。

但对于屡教不改者，应该从严予以打击。

这主要是基于两个方面的考虑。

1. 参考盗窃罪的完善方式，对于屡教不改者，或者重点地区、敏感时段降低入罪标准

例如，醉酒驾驶机动车辆，具有下列情形之一的，血液酒精含量的入罪标准可以按照前条规定标准的50%确定：

（1）曾因醉酒驾驶机动车受过刑事处罚的，或曾因醉酒驾驶机动车被作出相对不起诉处理的；

（2）一年内曾因酒后驾驶机动车受过行政处罚的，或者曾因酒后驾驶机动车受过两次以上行政处罚的；

（3）吊销驾驶证或者暂扣驾驶证期间，仍然酒后驾驶机动车的；

（4）自然灾害、事故灾害、社会安全事件、公共卫生防疫等突发事件期间，在事件发生地酒后驾驶机动车的；

（5）在全国哀悼日、烈士纪念日期间，酒后驾驶机动车的；

（6）酒后驾驶校车或者旅客运输车辆的；

（7）酒后驾驶警车、公务车、消防车、救护车、工程车等特种车辆的；

（8）酒后驾驶运载救灾、抢险、防汛、优抚、扶贫、移民、救济款物车辆的；

（9）酒后驾车造成严重后果，未达到交通肇事罪入罪标准的。

这些内容主要体现的是，对于酒驾醉驾曾受过处罚，还不长记性的，应该从严惩处。这些人与其他人有所不同，他们曾经以身试法，切身感受过司法的严肃性，应该引以为戒，一般来说，开车的话就应该滴酒不沾。

有些因为是初犯，在第一次醉驾时没有被追究刑事责任，相当于司法机关给过一次机会，但他们并不珍惜，仍然再犯，表明其人身危险性较高，改造难度较大，刑法应该从严惩处。

还有的因为发生了严重交通违法行为，被吊销了或者暂扣了驾驶证，也就是不允许其继续驾驶机动车，但他们不但继续违法驾驶机动车，甚至还酒后驾车，等于是错上加错，因此有必要予以从严处理。

在特定的紧急时期，例如本来是救灾、抢险、防疫的关键时期，有些人不但不帮忙，还添乱；不仅危害公共安全，还影响社会秩序和良善风俗，因此应不同于正常时期的打击力度。

在特定的哀悼日、纪念日，应该是缅怀先烈的感怀时刻，社会娱乐活动都应适当克制，饮酒已经有违社会整体氛围，酒后驾驶更是危及公共安全，等于挑战国民情感，刑法的容忍度自然会有所降低。

对于酒后驾驶校车以及公共交通车辆等旅客运输车辆的，主要考虑到其行为直接影响到不特定多数人的生命安全，应该从严把握。危险驾驶罪的其他条款对此情形已经有所体现，只是没有体现到酒后的问题，再修法时应予以完善。

对于驾驶特定公务用车以及用于特殊用途的车辆，因为公共职务的宣示示范意义，应该从严要求。运输特定紧急物资的，更是十万火急，不能稍有闪失，对酒驾的容忍度应该更低。

至于酒后发生的严重后果，虽然未达到交通肇事标准，但是说明危害结果已经从抽象的危险转化为实际的危险，即使喝得不多，也说明酒精对其驾驶的影响是明显而直接的，通过后果已经对危险性的严重程度进行了体现，因此应该有别于没有发生结果的醉驾标准。

2. 在特定情况下，提升刑罚幅度

建议立法予以完善，设定一个危险驾驶的加重情节。即醉酒驾驶机动车辆，具有下列情形之一的，属于醉酒驾车情节严重，应当处 3 年以下有期徒刑。

（1）曾因醉酒驾驶机动车受过两次以上刑事处罚的；

（2）一年内曾因酒后驾驶机动车受过两次以上行政处罚的，或者曾因酒后驾驶机动车受过三次以上行政处罚的；

（3）吊销驾驶证或者暂扣驾驶证期间，仍然醉酒驾驶机动车的；

（4）自然灾害、事故灾害、社会安全事件、公共卫生防疫等突发事件期间，在事件发生地醉酒驾驶机动车的；

（5）在全国哀悼日、烈士纪念日期间，醉酒驾驶机动车的；

（6）醉酒驾驶校车或者旅客运输车辆的；

（7）醉酒驾驶警车、公务车、消防车、救护车、工程车等特种车辆的；

（8）醉酒驾驶运载救灾、抢险、防汛、优抚、扶贫、移民、救济款物车辆的；

（9）醉酒驾车造成严重后果，未达到交通肇事罪入罪标准的。

这里的醉酒也就是达到一般的入罪标准，比如 80mg/100ml，但是有了以上提到的特定情形，就有必要从严处理。

实践中更加常见的就是屡教不改，或者是受过两次刑事处罚，或者是一年内的两次行政处罚，以及三次以上的行政处罚。基本来说这种人就是"酒腻子"，而且我相信他们的驾驶证早就被吊销了，根本就不允许他们摸车。

但是他们还是要开，而且还是酒后就开，这种人的危险性就比偶然醉驾的人高很多，应该予以特别的预防，以体现刑法的比例性原则。

醉驾是可恨的，但最可恨的是屡教不改者。因此，如果要从严，应该有针对性地从严。

这会产生这样一种效果，通过血液酒精含量＋步态测量标准的复合入罪标准，可以实现危险驾驶犯罪圈的一个收敛，给更多的偶然触犯刑法的人一个机会，让他们更好地融入社会，成为社会建设的积极力量，从而也体现出刑法的谦抑性。

在刑法圈对初犯偶犯收敛的同时，对于一些已经多次行政违法，或者有其他特定危害性，对国民的法感情有特定危害，对公共利益有特定损害的行为，应该在一定程度上体现积极刑法观，定向地适当扩大犯罪圈，有针对性地将公众深恶痛绝的酒后驾车行为收入进来，从而体现刑罚严的一面，也是很有针对性地发挥犯罪预防的作用。

如此的一收一放，笔者个人估计，总体上危险驾驶的犯罪圈还是在收敛的，但其打击目标更为精准了。刚刚收进来的一些，是以往应该打击却打击不到的，满足了公众的安全感，让刑法打击犯罪的功能更加精准，其所带来的就是犯罪预防的功能也会更加精准。这样，越打击越多的悖论就可以在一定程度上得到扭转，使危险驾驶罪向良性循环转变。

同时，在新的危险驾驶犯罪圈的基础之上，形成严重和一般的两阶刑罚梯度，针对极少的一部分屡教不改者予以严惩，可以发挥刑罚的警示功能，也让刑罚有一个区分度，也就是让正义更加分。

虽然适用的范围可能很小，但是可以让潜在的犯罪人及时止步。

从严是可以的，但不是无原则的。

从宽也不是随意的，而是有依据和方法的。

无论是刑法的设计还是司法标准的确定，都是在法律有限性的前提下，最大化地发挥刑法的引导作用。

亦即，刑法的目的不是打击，而是引导。

"诬告反坐"的刑法问题

"诬告反坐"是我国古代刑法对诬告行为的一种惩治原则。

现代刑法上虽然没有直接照搬该原则，但也吸收了一些合理内核。

刑法上有两个罪名，主要就是针对诬告行为的：一个是诬告陷害罪，另一个是伪证罪。

可见，无论在古代社会还是现代社会，都不会允许蓄意诬陷他人。它体现了人类社会古老的价值观，那就是要诚实。诬告陷害就相当于把司法机关当枪使，把国家机器当作自己的工具使用，这对公正性是一种巨大的伤害。

不仅是对当事人不公正，更重要的是破坏了司法机关的公信力，使人无法再信服司法的权威。

因此，捏造事实诬告陷害他人，意图使他人受刑事追究，情节严重的，就要受到刑罚处罚。它的认定并不要求冤案铸成，可见刑法对这一危害行为的容忍度很低；此罪后果严重的要处

3年以上10年以下有期徒刑，可见刑法对其惩罚是非常严厉的。

当然，这里的诬告陷害一定是有意的。不是有意诬陷，而是错告，或者检举失实的，不适用这个罪名。

诬告陷害罪，就有一点"诬告反坐"的味道，其中的差别就是对主观意图的清晰限定。并不是告错了就一定要反坐，而是故意诬告才会被追究责任。

因此实践中，这个罪名极少适用，几乎成为"僵尸"条款。

事实上，与"诬告反坐"有关联的不仅是这一个罪名，伪证罪也有相似的意味。刑法规定，在刑事诉讼中，证人、鉴定人、记录人、翻译人对与案件有重要关系的情节，故意作虚假证明、鉴定、记录、翻译，意图陷害他人或者隐匿罪证的，处3年以下有期徒刑或者拘役；情节严重的，处3年以上7年以下有期徒刑。

这个罪名涉及的面比较宽，使用率比诬告陷害罪高一点，但也非常有限。

诬告行为，往往不是一个人能完成的，串通证人一起诬告，成功几率自然提高。这也是本罪与"诬告反坐"的关联之处。

当然，客观上也存在并非被害人诬告，只是证人或相关人员怀有各自的企图，有意陷害他人的情况。

还有的案件中根本就没有被害人，这种罪名不少，那么能够诬告就是所谓的证人，而这些证人可能就是这些冤案的始作俑者。所以这些作伪证的证人就相当于诬告陷害者，因此，诬告陷害罪和伪证罪这两个罪名还存在一定的竞合关系。

这两个罪名看起来是比较严密地涵盖了诬告陷害的种种形式，从而为维护司法的公正权威提供了充分的保护。但实践中还是存在一些漏洞和缝隙，导致有些行为好像两边不靠，司法机关感觉不好追究，慢慢也就干脆不再追究了。

比如伪证罪的主体不包括被害人，刑法中只规定了证人。但是法定证据种类中，被害人陈述与证人证言可是两类不同的证据类型——虽然本质都是证言，都是言辞证据。但是刑法这样规定，就会给人造成误解。

是不是被害人不会构成伪证罪？

怎么可能呢？证人作伪证要负刑事责任，被害人作伪证就不用承担刑事责任了？而一个错判的案件能够出现，被害人的作用是第一位的，证人的作用是第二位的，如果对错误追究行为承担责任的话，那被害人的责任应该重于证人才对，根本不存在被害人无须承担责任的道理。

很可能是因为刑法已经规定了诬告陷害罪，好像是专门针对被害人的，因此就没有必要将被害人包括到伪证罪之中了。

这里存在一定的漏洞，比如诬告陷害罪的构成要件是捏造事实诬告陷害他人，意图使他人受刑事追究，但是又说明"不是有意诬陷，而是错告，或者检举失实的，不触犯本罪"。

我们知道，很多诬告并未全假，有可能有部分真实的因素，然后夸大其实。比如把一说成二，把行政违法说成刑事犯罪。

要说他说的全是捏造的，恐怕很难这么下结论。

但是肯定不是如实说的，有很大的虚假性，也有陷害他人的意图，等于是将计就计。这个更像是伪证罪。

但是伪证罪的主体里没有被害人啊？如果是一个证人诬告，比如无被害人案件中的那种证人，好像可以定。但是如果就是被害人诬告，虽然说得半真半假，把小说成大的，本来是一个轻的处罚，目的是要搞成严重的处罚，就有点不好定了。

诬告陷害吧，又不是完全捏造；伪证吧，他又不是证人。

这就成为两罪之间的一个巨大漏洞。

把被害人的陈述解释为证人证言，作扩大化解释，总是感觉有点违反罪刑法定原则。所以实践中对这种情况很少碰。

一般只要不是全假，就不当作有意诬陷。

但是几乎没有全假的，只要有一点点真，就不算诬告陷害，这是对不实控告的一种纵容。

比如强奸类案件，只要双方发生过性关系，即使发现原告方最后是自愿的，也很少追究其诬告陷害罪的责任。

更有甚者，刑事诉讼进行到一半，原告方又改口说是谈恋爱，其实是自愿的。那当初报案，导致嫌疑人被羁押追诉的事就这么算了？实践中的处理方式是，只要嫌疑人无所谓就行了。

那司法机关在这里算什么呢？

"诬告反坐"也好，诬告陷害罪、伪证罪也罢，目的之一就是维护司法的严肃性。

司法不是儿戏，一是它有强制力，会使人身陷囹圄，对他人的人身自由产生影响，会使人陷入巨大的恐慌之中；二是即使刑事诉讼不追究了，嫌疑人的名誉也已经受损了，这个损害是很难挽回的；三是司法机关在公众中的印象变差了，人们会说司法机关不靠谱，出尔反尔，来回折腾。公众会质疑，为什么司法机关当初就没有审查出来这个案件的虚假性呢？

但是又有谁能百分之百地识别出别人言辞的虚假性呢，尤其是作为弱势群体的被害人的陈述。司法机关也好，外在舆论也罢，大家会本能地采取一种同情的态度，这种态度，会使人放松警惕性。从而更加容易相信被害人的陈述。

而这种虚假的陈述，即使夸大其词的部分虚假，也足以使司法官陷入误判，从而将司法程序引入歧途。

本质上来说，司法官不应对此承担责任，因为这是受到被害人蒙蔽所犯下的错误。

但是这个错误对于被害人来说，却是故意的、蓄意的、动机不纯的，这种对司法公正、司法机关公信力和被追诉人的名誉权、自由权都有巨大伤害的行为，被害人理应承担相应的责任。因为对任何蓄意违法行为的不处罚，都是对新的违法行为的鼓励。

具体的立法修改建议就是在伪证罪中，将被害人也加入进来，也就是被害人作虚假陈述，即使不是完全捏造，但是虚假夸大，意图陷害他人的，也要承担刑事责任。

相比于诬告陷害罪，这种半真半假的诬告行为，刑事责任会略轻，因此选择并入伪证罪是合适的。

实践中有些观点认为，能够将被害人陈述解释为证言解释到伪证罪当中，这样的话这个罪名还能将就用，就不用改了。笔者认为，虽然该观点有一定合理性，但是实践中司法机关普遍担心违反罪刑法定原则，而不敢普遍性地采用扩大解释的方式对刑法条文进行解释。该观点虽然具有理论上的合理性，但缺少实践中普遍的可操作性，容易延长两个罪名的沉睡状态。

因此，根本之道还是要通过修法，激活诬告要承担刑责的条款，不能仅因为它有古代法的渊源就认为其是落后的。

应该看到这一传统中的现实意义：通过严格落实司法程序和严格遵守罪刑法定原则、主客观相一致原则，将这一传统中鼓励诚信、违法有责、尊重司法的合理价值予以充分体现。

需要严格控制的是，不问主观意图的客观归责、结果归责，不走程序的控审不分、司法恣意。

对诬告行为的治理，应该成为司法文明发展的重要一步，不可忽视。

违法指令司法报备制度的构建

目前，司法机关，尤其是检察机关对"三个规定"进行了严格落实，对于司法机关正风肃纪，自觉抵制不当干预发挥了重要作用，有利于司法公正。

有些干预从形式上就是有问题的，表现为个人化的、超越职权的干预，从形式上就能够判断。比如这个案件不归他管，他非要过问干涉，那就是一种非法干预。

但是，如果这个案子就归他管，他在职权内进行督办、指导呢，这显然不能说是干预了，而是一种正常的司法管理活动。

但是，即使是形式上"正常"的司法管理活动也并不意味着没有问题。

比如一起案件的事实证据存在一些问题，只是由于影响较大，上级院在指导过程中认为还是要起诉。虽然下级院解释了证据和事实问题，但是上级院还是坚持意见。而检察机关的上下级是领导关系，对于上级检察机关的决定，下级检察机关是要服从的，即使有意见也要服从，因此就提起了公诉。

提起公诉之后，法院审理完觉得证据不行，就要判无罪，这个时候上级院又只是建议撤回起诉。撤回起诉之后，还指示做相对不起诉，而不是做存疑不起诉。这也是想证明自己当初指令起诉的意见没有错。但是撤回起诉之后做相对不起诉那肯定是错了啊，因为你撤回不起诉的理由是证据不足嘛。

先不说起诉和撤回起诉，因为对于证据充分不充分可能有一个认识分歧问题，未必谁就一定是错的。

撤回起诉之后做相对不起诉肯定是硬伤。但是指令的过程都是符合规定的，都走的正常程序，都不属于"三个规定"中干预办案的范围。

面对这种明显违背法律规定和司法解释的指令，也就是下级院面对这种违法的指令，要不要执行？

我之前写过文章说，根据《公务员法》的规定，面对明显违法的命令是可以不执行的。

但实践中很多人还是会犹豫，而且所谓的明显违法，也不会那么明显，一般都需要经过分析，就比如撤回起诉不能做相对不起诉的规定，其实并不是直接的规定，而是根据简单推理得来的。

基于这种简单推理，上述指令是不是属于明显违法，很多人还是会含糊，尤其是在直接的上级面前。

面对这种违反法定程序的情况，很多人就会觉得这是一种相对软性的违法，很多人还是不敢违抗命令。我相信实践中很多人也的确不敢违抗命令。

除了撤回上诉之后作相对不起诉之外，类似的还有让公安机关撤回审查起诉；在没有抗诉的情况下，发回重审之后增加刑罚；或者是在检察机关抗重判的情况下增加刑罚；等等。

笔者认为，明知这些指令实质地违反法律的情况下，即使不敢公然不执行，也应该有一个报备机制。

也就是参照"三个规定"，可以创设一个违法指令的司法报备制度。

"三个规定"解决的是个人违法干预和形式违法干预的问题，违法指令的司法报备制度解决的是单位违法和实质违法的问题。本质上就是要解决司法管理中"瞎指挥"问题。

并不是上级的就一定是对的，有的甚至就是明显错误的，眼看就违反了刚性的法律原则和程序。下级在执行前有义务提醒上级，但是在提醒无效，仍然选择服从指令的情况下，确实有必要通过违法指令报备系统，向省级和最高司法机关报备。目的是让更高级的司法机关及时了解违法指令的存在，及时纠错，及时发现苗头性问题，避免演变成普遍性的司法错误，从而在更大范围内维护司法机关的公信力，也是在确保国家法律的统一实施。

违法指令报备并不是打直接上级的小报告，而是在发挥进一步的提醒作用。因为明显地了解到指令的违法性，也解释到位了，上级院还是不愿意听取合理解释。

有报备制度的存在，也可以在一定程度上减少司法恣意、权力任性和不懂装懂，也就是让直接发出违法指令的上级知悉，还有更上级的单位会对此违法指令予以关注和知悉。

如果这些指令的合法性是有争议的，自己也拿不准，那就要掂量一下，甚至再向上请示一下，再多方面咨询一下，避免简单粗暴地"就这么办了"。

即使下级院未必真的报告，但只要这个报备制度存在，就会产生一定的震慑作用。因为直接上级也并不确定下级院是否会报备，这种潜在的可能性，就会产生违法指令的预防作用。

就像有一双眼睛看着你：别乱来。

如果没有这样的制度，这种违法指令可能需要很多年，经过当事人很多次申诉才能让上级机关了解到，而此时即使纠正，迟到的正义也变成非正义了。

而且有些违法指令的直接影响并没有那么大，比如无论是存疑不起诉还是相对不起诉都是不起诉，有些对法律并不是很了解的被不起诉人也就不会在意了。

加上时过境迁，纠正起来的意义也淡化了很多。

但是如此一来，重实体轻程序的理念却无法得到树立，公正所依凭的正当性失去了，实体正义滑出程序正义的轨道，公正的稳定性失去了，对行为的预期导向作用无法得到发挥。

本来没有的事，变成了有的事，只是情节轻微，但依然是篡改了案件的实质。虽然最终没有定罪，但还是让当事人蒙上了污名。

程序只要差之毫厘，正义的结果就会谬以千里。

谁能说不起诉的类型是无所谓的？程序是无所谓的？

当然，这是违法指令的直接危害。

更大的危害是，是不是以后撤回起诉的都可以做相对不起诉了？让所有证据不足的案件中的嫌疑人，都蒙上构罪，只是情节轻微的污名？

更进一步的是，是不是以后可以完全不顾法律和司法解释所确立的规则，只要是来自上级的指令我们就去执行，而不考虑是否符合法律的规定？

那还是不是以法律为准绳了？

到底是在执行法律，还是执行上级的命令？

所以，这看似是一件小事，甚至是以前没人关注的事，但这事并不小。

这是一个违法的小事，但也是可以冲溃法治之堤的蚁穴，必须及时修补。

这种"正常"管理比"违法干预"更加可怕的地方就在于其日常性和公然性，似乎是没有私心的，没有任何人的个人利益和诉求。

因此它可以堂而皇之地展现司法恣意，可以让机械执法、无视程序正义等错误的司法理念得到更加广泛的传播。这种指令可能来自内部也可能来自外部。因为职权所系，司法者往往无可奈何，从而让司法公正付出莫大的成本。

有人说恶的结果往往是善意铺就的。

我觉得这种善意一定是一种不加约束的、任性的善意，我们的目标就是要约束这种善意。

网上追逃

由于人口流动性的增加，网上追逃现在已经成为一种主要的追逃方式。

除了现行犯罪被当场查获的，嫌疑人一旦在逃，一般都要使用网上追逃。

实践中，通缉令的门槛很高，因此适用比例很小，即使发布了，很多时候也需要依赖网上追逃。

因为网上追逃可以与公安部门的相关信息系统相互关联，只要嫌疑人实名使用身份证件，住宿、乘车、购票、办卡甚至临时抽查时都可以被发现。

也就是一旦被网上追逃，就几乎进入了一个实名认证的天罗地网，很难不被发现，尤其是在信息化程度越来越高的今天。

应该说网上追逃的作用一点也不比发布通缉令的作用小。

这就带来两个方面的问题：

一是由于信息录入不准确，追逃信息把关不严谨等原因，会导致错误抓捕，而且这种错误抓捕是全国性的。

因为网络是全国性的，一旦发生信息错误，对当事人的伤害是难以避免的，除非错误的信息被删除。因为侦查人员都是根据网上的信息抓人，而且相关部门对于抓捕网上追逃的嫌疑人是有一定的考评比例的，因此侦查人员也有着一种内在的积极性。

二是由于可能存在的错误抓捕行为，部分地区就会对追逃信息把关过严，比如要求所有信息都是全的，甚至只要缺少照片就不能发布。这导致重要嫌疑人信息不能及时被发布，从而延误抓捕时机。

再加上侦查人员不能及时跟进相关信息的补充完善工作，就会导致网上追逃信息延误发布。

由于现在抓捕方式的路径依赖，只要不发布追逃信息的，几乎就没有其他途径抓捕。也就是不进行网上追逃就几乎意味着不追逃了。

这也会导致大量重要嫌疑人被放弃抓捕，从而一直在逃，给社会治安带来重大隐患，也严重影响了司法公正的及时实现。

所以问题就从一个极端走向另一个极端，主要的原因就是网上追逃工作没有完全纳入司法体制当中。

网上追逃工作没有明确的刑事诉讼法依据，从而导致其规范化水平不能得到根本上的提升。

对此，笔者提出以下两点建议。

1. 将网上追逃纳入刑事诉讼法之中

虽然网上追逃不是通缉，但是由于追逃网与公安机关及社会各种网络信息系统的普遍互联，呈现了一种非常广泛的普遍触达性，使之不是通缉胜似通缉。

而且什么级别的犯罪嫌疑人，可以触达什么范围的网络系统，目前并没有一定的依据，也没有根据比例性原则进行划分。这体现为一种粗放型的管理模式，轻微犯罪也是全网发布，重大犯罪嫌疑人，因为缺少照片，却上不了网，这样的情况都是存在的。

随着信息化社会的发展，网络早已成为最大的信息发布空间，具有广泛性、互联性、永久性，比其他媒介的触达性更持久。

如果错误发布信息，对公民权利的侵犯性将是立竿见影的，而且几乎是无法逃避的，因此又具有很强的人身约束性，有必要作为一种单独的侦查措施予以明确规范。可以由高检院和公安部联合对相关细节流程再进一步细化。比如发布的条件、审核机制、链接网络平台的范围、申诉程序、监督检查的方式等。

2. 应将追逃网纳入检察机关的监督范围

考虑到追逃网是直接对公民采取强制措施，嫌疑人只要上网，大概率会被抓。

抓捕的准确性关系到公民基本权利，而抓捕的及时性又关系到打击犯罪职能和司法公正的实现，因此事关重大，检察机关应该进行深度介入和监督。

第一，检察机关有权查阅追逃网的后台信息。通过一些信息手段和大数据方式，对追逃数据的及时性和准确性进行抽查。

第二，检察机关有权受理被错误录入信息的申诉案件，调查了解是否存在错误填录、违法填录以及是否存在渎职犯罪问题。

第三，应该定期比对追捕追诉数据和法院判决数据，对于已经确定为漏犯和在逃同案犯的，应通过大数据比对的方式在追逃网定期进行核查，检查是否及时进行填录。由于缺少相关信息项目而无法填录的，也要检查侦查人员是否及时开展相关工作，是否存在怠于履职的问题。

第四，对于重要犯罪嫌疑人应当建立预填录制度，比如其他信息齐全，只差照片的，可以进行预填录，系统定期提醒填录信息的侦查人员调取相关照片信息。对于在户籍信息中已经补录相关照片信息的，系统将该照片自动导录追逃网信息当中，并提示相关人员及时进行审核发布。

网上追逃问题，与其他很多关于网上的问题一样，不再是一个小问题，需要引起我们充分的重视。

　　这些网上的措施也须尽快纳入正式的法律制度中予以规范，才能实现线上和线下的同步规范。

　　未来的司法制度将更加倚重线上功能，不能让网上空间成为法治盲区。

啥叫不从宽?

反悔上诉的抗诉案件，需要增加刑罚量的时候，有的观点认为，不能加刑，只能叫不从宽。

但是啥叫不从宽呢，那就是加刑，就是上诉不加刑里的加刑，因为抗诉了，在一审判决基础之上增加了刑罚量。不管叫不叫不从宽，它都是在加刑。

但是有些人不允许称之为"加刑"，因为他们认为这会导向从重。但从宽的反面不是从重，而是不从宽，因此一定不能"加刑"。

不管怎么样吧，都是从 7 个月加到 9 个月，或者从一年加到一年半。

不管怎么用文字表述，从数据上看都是一样的结果。

我理解，这里包含了一种深切的担忧，那就是担心将从宽作为威胁的砝码。担心如果嫌疑人、被告人不就范，就在一般水平上增加刑罚量，也即是从重。

也就是一般水平是 9 个月的话，那么从宽就是 7 个月，不从宽就是一年了。

如果不认罚，不认 7 个月的刑期，就判一年，这是不认罚就从重。但是如果说 7 个月的认罚不接受，我就要提出 9 个月的刑罚量，那就不能叫从重，那就是本质上的不从宽。

但是现在的观点好像是在从宽的幅度上增加一点点都是从重。

也就是 7 个月是从宽，不接受的话，提 8 个月、9 个月就都是从重了，那我问一下，不从宽到底是多少呢？

好像没有答案，好像只有 7 个月这一个维度，也就是从宽是 7 个月，不从宽也是 7 个月。

这是将"不从宽"绝对化，不允许在从宽幅度上增加任何的刑罚量。

因为任何的增加都可以理解为"重"，从而是从重。

这就是以文义表示的模糊性，来模糊基本的数学逻辑。

应该说偏离合理阈值的加重才是从重，在正常、合理阈值范围内的都是不从宽。

这个合理的刑罚量根据大数据和量刑标准是有一个大致的区间的，这个区间并不是一个点，因为有很多情节需要主观判断，是允许有一定裁量空间的。

所以前文提到 9 个月的一般水平其实是一个简单化标准，实际的情况可能是 8~10 个月之间都是这个合理的阈值，在这个阈值区间的量刑建议和处刑，都处于不从宽的范围。只有达到 11 个月或者一年的水平，才能说超过合理的刑罚量，而叫作从重。

因此在一审的量刑建议上，不从宽与从重并不是一体两面的关系，二者只是不同量刑幅度的关系，是有明确的量的区分的。绝对不是在从宽的基础上增加一点刑罚就是从重。

因此，将"不从宽"的正常刑罚量混淆为"从重"来批判，是对合理量刑建议的道德绑架。

在讨论不从宽与从重关系的时候，如果不建立一般处刑标准，所有的讨论都是没有任何意义的。

这只是"不从宽"的一个面向。也就是将从宽从重两极化，实际上没有不从宽的空间了，也就是尽量压缩了检察裁量权的空间，从而赢得更多的辩护空间。

另一个倾向，就是审判机关希望在检察机关不介入的情况下搞"不从宽"。

这里边有两个思路。

思路一：两高三部文件明确写着，被告人不服适用速裁程序作出的第一审判决提出上诉的案件，可以不开庭审理。第二审人民法院审查后"发现被告人以事实不清、证据不足为由提出上诉的，应当裁定撤销原判，发回原审人民法院适用普通程序重新审理，不再按认罪认罚案件从宽处罚"。注意，这里没有提到抗诉。

也就是在没有抗诉的情况下，上诉后发回重审不再"从宽处罚"。啥叫"不从宽"？不增加刑罚量，能叫不从宽吗？维持原判，还能叫不从宽？

但是如果增加了刑罚量，那不就是加重刑罚，这不是刑事诉讼法明确禁止的"通过发回重审的方式变相加重刑罚"吗？这不就是公然违反上诉不加刑原则吗？

有些法官真就这么干了，在没有抗诉的情况下，通过发回重审增加了刑罚，体现了两高三部文件中不从宽的要求，但显然这是违背法律明确规定的。因此检察机关发出了纠正审理违法通知书。

这条规定说明的是，只有在检察机关抗诉的情况下，加刑才是合法的，只有抗诉才能解决加刑的问题。

这里的"不从宽"和"加刑"是可以画等号的。因为二审在一审的基础上"不从宽"，就是要增加刑罚量，即使增加一点点也是加刑，所以两者是一致的。

但是不能仅仅因为增加刑罚量，就认为是"从重"。

是不是从重，要看增加的刑罚量是否超过了正常量刑阈值，还是前文提到的例子。一审7个月，二审不从宽，加到8~10个月都是合理的，都是正常的不从宽。但是加到一年，甚至一年两个月，那就是从重了。

因此，在讨论从宽、不从宽和从重的时候，必须要考虑量的因素。

思路二：有人认为，抗诉虽然能够解决加刑合法性的问题，但是不能解决法院考核的问题，因为毕竟抗诉要扣分。因此建议，不如修改《刑事诉讼法》，他们认为修改《刑事诉讼法》要比修改考核条款简单。

他们建议这样修改：反悔上诉，检察机关不要管了，也就是不要抗诉了，修改《刑事诉讼法》，允许二审法官直接判断，不合理的就直接加刑，合理的就维持。这样似乎便利多了，既惩罚了反悔上诉的不诚信，维护了司法权威，也不用扣分了，这样多好啊。

但是笔者的问题是，这样下来，还有控审分离的界限吗？

在检察机关没有抗诉的情况下，没有控方加重刑罚意见的前提，这个加重的意见从何而来？这不是由审判机关自行代表了控诉权，并进行了自诉自审？这种自诉自审，还有辩护空间吗？还有程序的正当性吗？

为了不扣分，《刑事诉讼法》的基本原则都不要了。

这已经不是重实体轻程序了，这简直就是程序虚无主义。

不敢对内部司法行政化管理的不合理性提出任何的反对意见，却敢于公然践踏程序法治的底线，这是什么样的法治精神？

这就不是从不从宽的问题了，这已经成了讲不讲法的问题了。

无论是将"不从宽"与"从重"混淆以排斥检察裁量权，

还是独揽"不从宽"加刑权逾越控审分离界限，都是希望通过混淆概念内涵的方式，尽量扩大自己本位的权力范围，而不惜破坏程序正义的基本价值。

通过偷换概念所塑造的"不从宽"概念不是真正的"不从宽"。

在合理量刑阈值下讨论"不从宽"才有意义，在程序正义的轨道下，探讨司法制度的完善才有意义。

第三章

责任心

无过错不追责应该成为司法责任制的原则

主客观相统一是刑法原则，也就是追究刑责不仅要有犯罪行为，还要有故意或者过失的主观责任。

也即，即使有客观行为，如果没有主观责任也不用承担刑事责任。

因为没有故意和过失的主观责任，就只能是一场意外，或者是被害方自己的过错。比如正当防卫，虽然是我把人打伤了，但是对方伤人在先。这个你要怎么预防呢？别人打你，你绝对不能还手？

确实发生了交通事故，但我完全是正常行驶，被害人突然闯红灯，你让我怎么注意呢？

司法行为也一样，如果遵守了所有的规则，尽到了所有的注意义务，严格地执行了办案规程，但只是因为客观上产生了负面结果，比如起诉的案件被判无罪，或者不起诉的案件被纠正起诉后判决有罪，因此就要被追究责任。这如何让人有安全感？

再如，有些地方针对醉驾案件形成了一些地方性的不起诉标准，比如 120mg/100ml 可以作不起诉。然后你就根据这个标准作了不起诉。

现在这个案件被纠正了，因为毕竟是超过 80mg/100ml 了，纠正起诉以后也就判决了。

那么，这起案件到底是应该起诉还是不应该起诉呢？到底哪一个决定是正确的呢？

早期贯彻宽严相济刑事政策时有一句话，就是可捕可不捕的不捕，可诉可不诉的不诉，也就在两可之间的，从刑法谦抑性的角度出发，尽量不逮捕不起诉。

现在少捕慎诉慎押也是这个意思，这是法治发展的趋势。

就是减少刑法对社会生活的干预，主要通过社会政策来管理社会，以减少刑法负面效应的发生。

因为刑法有污名性，有标签作用，会对犯罪人复归社会产生障碍。很多人有了前科之后，就感觉失去了生活的希望，更不要说对其子女入学就业也会产生"株连"性的影响。

从这个角度来说，只要没有徇私情，只要从法律政策的把握和良知出发，不起诉就没有任何过错可言，甚至更有利于三个效果的有机统一。

这个案件虽然纠正了，也判决了，但从长远来看，这个纠正本身却未必是正确的，甚至对当事人和社会来说是有害的。

案件之所以能够纠正，也未必是因为"纠正"本身是一个更加公正的决定，也有可能只是因为有更大权力的推动。

此时，就不是在说谁对谁错了，而是谁的权力更大谁就是正确的。

这并不是令人信服的是非观，更不要说通过这种是非观去追究责任。

也就是在司法官没有过错的情况下，虽然结果有了变化，司法官也不应当承担责任。

否则，没法预防下一次问题案件的发生。

就像前文提到的酒驾的案子，难道说 80mg/100ml 以上就全要起诉，120mg/100ml 以下就不能不起诉吗？

首先，这与类案的处理标准不符。不能因为有国家的标准，就说地方标准一定是错了，而且地方标准很多时候是符合少捕慎诉慎押的政策导向的，也是有利于被告人的。

其次，即使认定这个地方性标准有误，也不能说基于对地方标准的信赖而据此作出不起诉的决定是错的。要错也是文件错了，和承办人有什么关系？

再次，80mg/100ml 以上起诉的标准，也不能否定实践中还有特殊情况、特殊情形需要考量，还有刑法但书的规定，还有相对不起诉的裁量权。不能因为一个定罪数额，就把所有的裁量权都否定了。那不就变成机械执法了？只要不机械就是错的，这只是机械执法的机械逻辑，并不是合理的归责标准。

最后，执行标准方面是坚持人人平等，还是特殊身份特殊对待？刑法有没有写国家工作人员醉酒驾车的就从重处罚，或者不能作出不起诉决定？即使从刑事政策的把握上，对国家工作人员提出特殊要求，但是不是还有特别轻的情形存在？能不能仅因其国家工作人员的身份就完全剥夺其从宽的权利，从而在不起诉政策上平等予以考量？是不是只要是关于国家工作人员的不起诉就是徇私枉法？

是否徇私情一查便知。如果没有徇私情，完全是秉公办案，抛开其身份只从情节来看，完全可以不起诉，比如一般的酒后挪车。此时的不起诉，凭什么要受到质疑？

如果没有违反任何规定，能不能确立无过错不追究的处理原则，使之成为司法责任制的基本原则？

如果仅仅因为能够起诉，能够判决有罪，就说当初的不起诉是错误的，这就等于完全放弃了相对不起诉的裁量权。在可诉可不诉的时候坚持诉。

也就是放弃了刑法的谦抑性，让刑法尽量得到适用，让尽量多的人被起诉、被判决有罪，让尽量多的人被抓进来，带着前科走出去。

这些真的是我们期望的未来吗？

即使此时的起诉是有法律依据的，也并不等于当初的不起诉是没有依据的。案件的处理并不一定是非黑即白的状态，它还有一种灰色地带，这是可以人为斟酌裁量、可左可右的地方。

以起诉之对来判定不起诉之错，就是典型的结果归责，权力归责，不但不能使人信服，反而会带来极大的混乱，它是一种强词夺理的逻辑。这种方式无法树立正确的导向，容易使人变着法地争夺可以强词夺理的话语权，而不是考虑如何让法律更好地引导人们的行为。

这种习惯性的归责思路，还会引发另一种现象，那就是尽量不去纠正错误。

因为确实存在无过错的错误，典型的就是反悔上诉之后的认罪认罚从宽问题。反悔上诉就是通过实际行动撕毁了具结书，理应剥夺其骗取到的从宽待遇，因为其骗取行为让法官当初错误地适用了认罪认罚从宽制度。

现在通过反悔上诉的行为，法官清楚地认识到当初的错误，通过抗诉的方式完全可以由二审法院纠正。也就是撤销其从宽的量刑幅度，恢复到不从宽的量刑幅度上来。

从从宽到不从宽当然会增加刑罚量，因为有抗诉，这种刑罚的增加也是合理合法的。

但只因为是抗诉，此时纠正一审错误，一审法官就要扣更多的分数。

而且通过抗诉被改判，原来的案子就变成了一个问题案件，也就是一审法官要承担一定的司法责任。

但一审法官并没有过错，人心隔肚皮，谁能想到被告人当时信誓旦旦的认可和承诺都是假的呢？即使尽到了全部的注意义务也无法辨别出来当时的撒谎。因此，法官何错之有？

既然没有过错就不应当追究责任，也不应该扣分，二审纠错该纠就纠。

但现在的问题是法官并不因为无过错而免责，该扣分还是扣分，该追责还是追责。这就导致很多错误的判决无法得到纠正，二审法院明知一审有错，应该纠正而不敢纠正，从而使反悔上诉变得有恃无恐。

从根本上来说，就是因为司法责任制中没有坚持主客观相一致原则，也就是没有建立无过错不追责的司法责任制基本原则，让司法官不能吃下定心丸，在负面清单之外，没有正面清单，导致司法官都有点无所适从。

如此一来，对具有司法导向作用的少捕慎诉慎押政策，该坚持的也不敢坚持，一天到晚只是想怎么能不被追责，从而放弃了对更高司法质量的追求，在公平正义面前变得畏首畏尾，最终导致机械执法大行其道，这是错误追责之恶。

它不是在惩罚对职权的滥用，它惩罚的是对职权的敢用善用，它惩罚的是同情心和同理心，它惩罚的是人性执法的态度，它惩罚的是一切与机械执法所不一致的司法观念。

无过错不追责应该成为保护司法官公正司法的大宪章。

司法官也应该享有免于恐惧的自由。

案例的生命在于声誉

好的学者会爱惜羽毛，好的司法机关会爱惜声誉。

每一个案例都意味着司法声誉，公信力就是声誉积累起来的结果。

案例并没有非信不可的道理，信任是一点一点建立起来的。

在一个成文法国家，案例本来就不是法律，它的适用性并没有强制力。它的适用性全赖于多年积累起的专业、公正和合法品质。这就像品牌一样。

但是品牌也有垮掉的，比如当年的三鹿奶粉案件，让中国整个乳制品行业都受到了巨大的冲击，需要很多年才能让国人重拾信心，更不要说三鹿品牌本身了。

可见，质量是品牌的生命。

案例也一样。将不公正的案例，甚至违法的案例也当作指导性案例呈现给世人，并不意味着世人就会照单全收。

法律摆在那里，法理摆在那里，法律人自有辨别力，公众心里也自然有杆秤。

不抗诉的发回重审就能加刑？

既然没有抗诉的认罪认罚都能通过发回重审剥夺从宽待遇，抗诉的案件反而不能否定认罪认罚情节了。我就想问，哪句话是真的？错得都自相矛盾了。

也就是只要抗诉就不好使，不抗诉就随便呗？这是哪门子法律？

还有，认罪认罚案件，应当告知量刑建议调整的，没有告知而抗诉的，还绝对不允许发回重审？也不考虑具体情况，还要把这个当作原则来推广。

这不就是自己无论怎么样都不要人管的态度吗？这不是司法恣意是什么？

这些案件要当作指导性的案例来推广，不就是在推广"我想怎么样就怎么样"的司法恣意吗？

这样荒谬的理论真有推广的价值吗？

我们知道，有些系列案例已经积累了很长时间，形成了一定的品牌了，已经积攒了相当数量的用户。

这些用户包括法律工作者和法学研究人员。

而且这些用户已经养成了一定的使用习惯。这种习惯来自于此类案例品牌长期积累的声誉，就像商品的品牌声誉一样。

商品品牌能够维持的前提是品质的稳定。不能粗制滥造，不能掺杂使假，更不能使用有毒有害的物质。因为使用一次，让用户受到伤害，用户就不会再相信。受到的伤害多了，用户就会普遍地不再相信了，这会产生负面的效应。

虽然精神上的有毒有害——违背法律和法理，没有物质上的有毒有害发病那么快，那么直接，它的发酵周期可能更长，但是一旦被发现是故意滥用公信，公器私用，那么公众慢慢地也会对整个案例的品牌失去信心，从而会减少使用，或者将信将疑。

就像三聚氰胺事件之后，公众对国内奶粉制品的态度一样，变得疑心很重。

虽然大部分奶粉的质量后来都提高了，也都达标了，但有些公众就是不放心。

案例也是一样的，一旦一期案例中有违背法律、法理和常理，有存有私心的，有故意误导的。那么即使以后的案例是公正而专业的，大家也要掂量一下了，也会担心后面的案例是不是也有品质问题。谁知道还有没有私心？

这就是声誉崩溃效应。

你几时能积累起别人对你的信任？

为什么商品会有召回制度？

对有问题的商品要敢于承认，要敢于纠正自己的错误，对消费者负责。这样才能挽回消费者的信心，获得东山再起的机会。

为什么著名的科学期刊会有撤稿制度？

对于故意篡改数据，违反学术规则的成果，不能让它继续

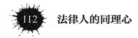

贻害科学界，不能让科学的发展建立在错误的累积基础之上。那样科学的大厦会垮塌，就像真的楼房垮塌一样，会让大量的科学研究搞错方向，甚至会危及人类的福祉。

案例制度也一样，如果司法要以错误的案例为指导，那还能够期待司法公正吗？

如果这样的案例累积下去，司法公信的大厦不会垮塌吗？

司法是社会的元规则，如果元规则都变得没有是非或者是颠倒黑白，那对社会将造成什么样的影响？

因此，笔者建议在案例制度中也可以建立撤稿制度，一旦发现指导案例存在违法情形，或者可能引发错误导向的，就要撤销。

法律制度也一样，也存在废、改、立的问题，法律并非永远正确。

既然法律也可能因为出现问题而废止或者修改，案例为什么不可以？

并不是说只要判决了，就一定是正确的。如果判决有错误，一样需要纠正。

同样，也不是说只要选为指导案例了，就一定具有指导属性，也许这些案例本身就是需要纠正的错案。

这样的案例如果作为指导案例，就是在指导案例的制度中加入有毒有害物质，必须予以清除或者召回。

也就像期刊撤稿一样，撤销某些错误的案例，是否予以纠正可以根据具体情况考量。但是已经发现有问题了，就应该先从指导案例的架子上撤下来，最大限度地减少错误的影响，就像问题商品在第一时间下架一样。虽然一时脸面上过不去，但是从长远来看，恰恰证明了这个制度是一个敢于纠错、爱惜羽毛的制度，反而挽救了整个案例制度的声誉，挽救了公众对司法的信心。

当然，也可以继续放纵任性下去，管他以后洪水滔天，只要一时的快活。那就只能为了一时的恣意，消费掉多年来积累的声誉；为了一部分人的痛快，毁掉整个司法机关的公信力。

声誉虽不会一天就垮掉，但是这股骄矜之气会让它离垮掉越来越近。

只有大家认可，才算数。

所以才说徒法不足以自行，法律必须被信仰，否则它就形同虚设。

案例不也一样吗？更不要说案例原本也没有强制力，如果失去信任、信仰，那它更是什么也不是。与此相比，最可怕的是它会成为质疑案例制度与司法制度的把柄，甚至是笑柄，让司法公信也跟着遭殃。

公诉的案子永远办不完，批捕的案子永远走不开

以前是捕诉分离，现在是捕诉一体。毋庸置疑，毕竟是两种职能，有着明显的区别，但同样也明显具有某种联系。

比如，两者可以合称为刑事检察，刑事检察最直接指代的就是批捕、起诉两种职能。在捕诉分离的时代，基层院主管批捕、起诉的副检察长也一般是两个人，从而体现为一种制约关系。

但是在省级院，甚至是高检院，批捕、起诉又变成一个主管领导管理，目的在于强调刑事检察政策的统一性。

从这个意义上看，是不是可以说两者其实有着宏观的一致性和微观的差异性呢？

我先后在这两个部门待过，后来也经过了捕诉一体，并且为后续一体化的机制做过一些制度性的思考。所以，我有资格谈一谈两者的区别和联系。

虽然捕诉一体有几年了，但是在两者的底层逻辑和精神内涵上，还是有一些值得我们更深层地把握和探究的地方。

首先，可以从节奏看，批捕的节奏要明显快于起诉。当然，现在很多案件不让延期退补之后，起诉也有批捕化之嫌，那就另当别论。

对于批捕来说，拿到案子之后就意味着要马上办，因为批捕的期限毕竟是按天计算的，而且留给承办人的时间往往就是两三天，甚至一两天。这样的话，耽搁的任何一小时都是自己的，所以在紧迫意识上，批捕的人往往更强。相比之下，公诉就从容很多，我就见过不少公诉人看一眼起诉意见书，甚至连起诉意见书都不看，就把卷放起来的。当然了，发告权书记员会去做，但对承办人来说，可以先不着急，放一放不要紧。极端的，确实有放着放到超期了才想起来的。

这在批捕是不可想象的，因为案子几天就出手了，一把一利索。利索的意思是批捕需要操心的后续环节比较少：不需要出庭，不要等待退补重报，也没有赃证物需要处理。更不可能存在一两年都处理不完的情况。因此，批捕在受理案件的间歇期是可以喘口气的，是真的没有案子。

但是公诉从来不存在真的没有案子的时候，虽然起诉了几个，也还有其他的在退补阶段；有些是刚刚受理，即使起诉了的案件也还要准备出庭，出庭之后法院说不定还有补充证据的意见。已经一审判决的，还有可能上诉，还有二审。二审的时候上级检察机关还要找你。如果二审不顺利，还有可能发回重审。总之，案件好像是没有止境。

虽然时间可以适当的调整，比如通过延期退补等方式调整——当然现在越来越不可能了，但即便如此，一个月的办案期限也还是要比 7 天长的多，还是有一些回旋腾挪余地的，也就是公诉人可以对工作时间自主进行一些安排。比如休假的什么的，就比较容易安排开。

而批捕的人最怕假期，因为批捕的 7 天时限不是工作日而是自然日，也就是不管是不是面临假期，7 天结案的规定是刚性的。如果受案的时间正好是春节放假前一天，或者是国庆放假前一天，那就意味着，如果你放假，这个案子就超期了。为了不让这个案子超期，你就只能不放假了。

7 天的长假是极端的，那 5 天、3 天、周末两天的假期这是常态啊，这个时间问题你自己克服。所以批捕永远会显得没有那么从容，感觉被死死地绑住了。

公诉的案子永远都办不完，而批捕的案子永远都走不开。

捕诉一体之后呢，那就是既办不完，也走不开，这就是刑检人的宿命吧。

其他条线也有自己的烦恼，比如找不到案源、会议多，但这绝不是同一种烦恼。

其次，从审批层次上看，批捕往往更愿意报批，公诉则不需要报批。

这大致有两个方面的原因：一是批捕的报批往往是实质性的，那就是捕与不捕的问题，程序性事务，或者次要的业务性事项很少。但是公诉除了诉与不诉之外，有很多程序性的事项，告权、延期、退补就不用说了，还有起草起诉书、公诉意见书、量刑建议书等各种文书以及处理各种阶段性的业务事项，你不可能指望这些文书、事项都一一进行审批。即使在 20 年前，也已经通过主诉检察官办案组责任制等方式开始放权了，更不要说司法责任制的时代。

二是在真实的司法运行中，羁押有时候比起诉更被看重，无论是司法机关自己还是当事人都是这样的，侦查人员期待逮捕可以保障其侦查的顺利终结，被告人希望能够不批捕，从而为其争取不起诉甚至缓刑做好准备，甚至这就是一种明确的从宽和宽缓的信号。因此，无论捕与不捕都要报批。

而起诉就不被看得这么重，只要起诉就行，对于罪名多少、事实多少、数额多少，往往各方都不是看得那么重，只要出入不大，关注度就不那么高就行。因此起诉普遍地不需要批准，这是从主诉制时代就形成的惯例。

不起诉则另当别论，一般还是需要审批，虽然有些地区一度放权，但往往又被收回。

如果一定要比较的话，不批捕的权力感觉分量会更重一点，虽然不起诉其实是终局性的。

再次，审查的精细化程度也有差别。

从审查的精细化程度来看，那显然是起诉审查得会更细一点，因为毕竟时间长度在那。

但是从单位时间的审查效率来看，批捕的更高，因为批捕的短时限倒逼你快速看卷，要在非常短的时间内——往往是一两个小时，长一点就是半天时间，就把一个比较复杂的案子看完，而且要看明白。

在非常短的时间内，把握案件的实质，并在一两天之内形成报告，并提出明确的意见，这个意见自然包括证据、事实和法律的全面意见。虽然很多时候无法做到全部的细节都搞清楚，但是构成要件的核心事实必须要搞清楚：有没有罪，是不是嫌疑人所为，罪行的基本严重程度必须要搞清楚，从而才能得出是不是存在犯罪事实，是不是要逮捕这个嫌疑人，逮捕是不是有必要的结论。

而且上述结论必须能够经得起后续补强证据的检验。如果经过补充证据，证明嫌疑人根本不是这个人，或者就不是一种犯罪行为，比如是民刑交织的案件，正当防卫的案件等，那就说明捕错了，要承担责任。

如何确保在有限的证据、有限的审查时间的条件下，能够做到这一点呢？那就只能靠细节，包括对这些证据细节的勾连与证据经验的判断，从而使你在极短的时间对案件的走向作出判断，并保持判断方向性的正确。

这绝不是马马虎虎、大概齐就能够做到的，这要对证据细节具备比较强的审查能力，所以批捕的人对证据细节不是掌握不细，而是在关键性的细节上掌握得很细，对不关键的细节暂时放弃而已。

而在起诉环节，就必须要把所有细节掌握清楚。但是在时间不够的情况下，起诉的审查模式也有批捕化的趋势，对于定罪细节掌握后，适度地放弃量刑细节，这必然对出庭和量刑建议产生不利影响。

前文分析公诉时间可以适当调节的情况主要存在于捕诉分离的时期。捕诉一体后，在既有捕又有诉的节奏的情况下，那整体的工作节奏更多的可能是批捕化。也就是每个案件都只有几天时间，而且要紧着批捕来，等批捕结束了，剩下一点时间再给公诉，则公诉也快到期了，最后也就是几天时间。最后也都从容不起来，而从容不起来就很难实现真正的精细化。

这倒是可以逐渐养成快速阅卷快速办理的习惯，但这种快速审查的能力并不是短期就能够培养起来的。一是因为长期的公诉节奏不容易改变，第一时间办案的习惯不容易养成；二是对事实的快速建构能力主要依靠长期的经验积累；三是审查逮捕引导侦查，全流程开展认罪认罚，都需要耗费大量的时间精力，导致本来就有限的时间变得更加紧张。

另外，额外的各种负担也总是加诸案件最多的刑检之上，案件负担有时候不被认为是一种辛苦，更不被认为是成绩，倒像是一种罪恶，惹人猜疑，受人挑剔。反倒是缺少刚性任务和案源的岗位免除了这些苦楚。

这就在资源不均衡、劳逸不均衡的基础上，又加上一重苦乐不均衡，苦的往往让它再苦一分。

选择性复查

复查是内部监督制约的一种重要方式。

复查与司法一样，都受到成本的约束，总是希望能够利用有限的时间、有限的人力复查发现更多、更有信服力的问题，甚至是推翻一些案件。从而体现复查效益的最大化，追求投入和产出比。

因此，复查是有很强的选择性的。

这又与司法工作有很大不同，即使侦查工作也不能有那么多的选择性，只要接到报警就要出警，只不过会根据案情来分配警力。后续的审查起诉和审判也同样具有很大的被动性，没有太多可选择的空间。

相比之下，复查就有很大的选择空间：既可以选择地毯式地将所有的案件都查一遍，也可以有重点地复查某几类案件，或者有针对性地查一些案件，完全没有一定之规。

复查的深度和广度一般不会受到约束，因此很少听说针对复查的复查，而且复查所形成的材料也无须归档，也无法事后追查。

这也给复查工作以极大的灵活性。

关键的问题还是复查有着很大的随机性，时间的紧迫性，人手的紧张性，想要复查更多的案件也不太可能。

所以，选择范围就成为非常重要的一环。但选择到底有什么规律呢？

1. 选择最容易发生问题的案件作为突破口

最容易发生问题的案件，往往就是自由裁量权比较大的案件，也就是进行除罪化处理的案件。

因为这些案件容易产生寻租空间，容易滋生腐败，也就容易复查出其中的问题。

还有就是被下游司法机关否定和改变的案件。

比如无罪、撤回起诉、改变定性、捕后不诉、捕后判缓、量刑建议未采纳，等等。

这些案件的问题，已经通过下游的司法裁决体现出来了。可以把下游司法裁决的理由当作问题提出来。也就是这些理由为复查发现问题提供了现成的结论，这样也相对省事。

以后结论否定前结论是相对容易的，前提是后结论必须是正确的。事实上，后结论并不一定是绝对正确的，如果复查者

不能独立评判，那就有点以其昏昏、使人昭昭了，就会跟着错下去，就让人感觉有点不讲理了。这就不能让被复查的司法官心服口服，也必然有损内部监督制约的公正性。

2. 案情比较简单

案情简单，并不等于案情不重大。

比如杀人案件，与伤害案件相比，证据不会多到哪儿去。但是其关注度却会高很多。复查起来需要看的卷比较少，需要核实和调取的证据不多，但是一旦纠正，其示范效应就会比较明显，因此性价比也是比较高的。

所以，命案在复查中受到的关注比较多。

与命案影响力相当，甚至影响力更大的经济案件就很少有人愿意复查，并不是这些案件没有问题，其中的问题可能更多。较少被复查的主要原因就在于这些案件太复杂，当初在办理的时候就是很多司法人员历时一年半载才办完的，现在想要推翻，没有个一年半载也不行。一想到上百本卷宗和数不清的账目，复查人员都会望而却步。

这是经济案件很少被复查人员问津的原因，因为一旦碰到这样的案件，可能整个复查组到最后连一个案件都复查不完。

3. 最好还有一定量的基础

命案固然是好的复查对象，但是案件较少。而且要想推翻，也要细抠一下，也不是那么省事的。

最省事的就是那种最简单的案件，一眼就能看出毛病的，几乎就没什么证据，而且一抓一大把的案件。

危险驾驶案件目前是最符合以上几个条件的，因此也成为复查的重灾区。尤其是不羁押不起诉判缓刑的情况比较多的地方，这一类案件就成为复查成果的主力军。

因为危险驾驶太简单，即使看卷的话也没有几页。

此类案件目前的标准也比较清楚，就是 80mg/100ml，只要超过这个标准，还做了不起诉的，就可能有问题。尤其是被不起诉人的身份又是公务人员的话，就存在一个避免被双开的问题，确实利益空间很大。因此，这个自由裁量权就会被高度质疑。

即使没有任何受贿问题，这个案件想要纠正起来也非常容易，直接要求起诉，就能够判刑，不存在判不了的问题。而双开就要照常进行。

那么当初的不起诉就变得很有问题了。

但是否意味着 80mg/100ml 就都要起诉，尤其是公职人员？至少起诉可以避免以后被纠正。

那么一律起诉就是对的，值得鼓励的吗？

本来在针对危险驾驶积极开展轻缓化处理的地区，纷纷在这个案件上出问题。那些没有积极开展轻缓化处理、机械羁押起诉判实刑的反而安全了。那我们鼓励的到底是什么呢？

机械地、正向地适用法律，也就是尽量羁押、尽量起诉、尽量判处实刑，这是很难挑出毛病的。即使在复查人员也觉得有点机械了，也没有勇气把这个人拉回来再做一个不起诉，或者判处缓刑。因为谁也不敢保证，这个人出去就不再犯。

如果经过纠正被轻缓化处理了，却再次犯罪了，反而是给自己惹麻烦了。

所以大家发现，很少有案件被纠正以后又被轻缓化处理了，都是从重处理的多。

很多冤错案件的纠正也不是依靠专项的工作纠正的，也是一个一个通过缓慢的程序纠正的。

如果说有错误的不羁押、不起诉、判缓刑轻刑的话，那就一定有错误的羁押、错误的起诉、错误的判实刑重刑啊。而且从数量上来说后者应该更大，这也是我们要推动少捕慎押慎诉的原因。但是很少看到这方面的纠正。

事实上，错误的羁押、错误的起诉、错误的判实刑重刑的危害可能更大，对人污名化的打击、短期自由刑的交叉感染可能更为严重。

比如让人复归社会举步维艰，对子女的升学就业产生不利影响，滥用刑法所产生的不公正性，通过短期自由刑从狱友那里学到了更多的犯罪技能从而走上连续犯罪的道路等。

如果说对于轻罪轻判、不判可能存在放虎归山、危害社会的隐患，那么对于轻罪重罚所引发的反社会倾向，同样也会产生危害社会的后果，而且后者可能更加可怕。

　　为什么前者就是问题，而后者就完全没有责任呢？这还是重刑主义的观念在作祟。

　　这是因为，符合起诉条件而没有起诉的，毕竟容易纠正，只要能够纠正，就可以推定错误，而不要求一定发生了现实的问题和风险。也就是可纠正即有错，不一定是真的错了，只要能够改过来的，就说明之前的结论是错的。也不去考虑纠正后的结论是否有问题。

　　事实上，相对不起诉本来就是在起诉与不起诉两可之间才做的取舍。它其实不是可以起诉与不可以起诉的问题，而是哪种方式效果更好的问题。

　　相比于相对不起诉，证据不足的不起诉就很少有人问津，一是因为这类案件很复杂，复查成本太高；二是法院能否下判仍然具有不确定性，即使一审下判，还存在二审风险，以后还存在再审风险，因此很少有人触及这类案件。

　　而已经起诉，已经判决有罪的案件，很少会因为复查人员觉得起诉必要性不大而予以纠正的，事实上也没法纠正。而且交叉感染、对犯罪人的人生和家庭的影响这些，更是不好评估，即使有问题也是很多年以后的事情。但是谁会在意很多年以后的事情呢？着急的还是眼下的结论。

如果复查的目的只是能够在有限的时间内,指出更多明确、直接和现实的问题,甚至纠正一些问题的话,就不会在意问题的性质、种类和长远属性,以及纠正问题本身所带来的问题。

是不是纠正了就正确了?正确的标准是什么?

正确本身难道不应该有一个更加独立和长远的价值标尺吗?

发现问题和纠正问题的出发点到底是什么?

司法的内部管理是具有导向性的,它直接影响了司法的方向。

复查确实有成本制约的问题,更重要的,难道不应该是方向引导吗?

选择性汇报

什么是选择性汇报？

比如，在审委会上，全文引述原审判决的分析长达十几页，而同样十几页的抗诉书则被压缩为三四行字。这样一汇报，好像检察机关的抗诉根本就是没有什么道理的。这是因为汇报人将检察机关的道理都裁剪没了，故意制造出一个说理丰富，另一个理屈词穷的对比。

幸好还有检察机关列席可以补充发表点意见，如果检察机关没有这个机会呢？

可以想见，审委会收到一边倒的信息灌输能够得出什么样的结论。

这就是选择性汇报。

选择性汇报的主要方式是裁剪信息，对有利于自己观点的信息尽量多说，对不利于自己观点的信息尽量少说，或者不说。

你要说人家杜撰了什么吧，好像又没有。

但是通过裁剪而来的信息结构，就形成了一种信息不对称的效果。

上述现象是针对分析的，还有针对证据的。

有的时候为了自己的结论，会过于强调有罪或者无罪方面的证据，而尽量少说不利于自己观点的证据，甚至根本不说。

这就更加难以发现，因为作为听取汇报的审委会、检委会的成员往往公务繁忙，根本无暇全面阅览卷宗，甚至都无法做到提前全面阅读审查报告。

通常的情况就是听汇报人现场汇报，现场得出结论。

这样一来，汇报什么信息就是什么信息了，虽然也可能凭着经验进行追问，但是对于汇报的选择性往往很难判断。

除非是这个遗漏过于违背常识，才会被问出来。如果不是那么违背常识，只是一些微妙的细节，那就很难通过直觉检验出来。

这样一来，审委会和检委会就可能被误导。

还有一些情形主要集中在侦查机关的汇报中，那就是讲"故事"，讲一个证据推导不出来的情节，就通过脑补，进行绘声绘色的演绎。你也不能说他完全是瞎编，毕竟多多少少还是有一些证据的，但是事实的严重程度被夸大了，证据之间的关联性被人为衔接起来了。本来还是敞口的证据链条，还是有多种解释可能性的，但是经过演绎之后，就变得证据确凿，链条清晰，不可能得出其他结论了。

很多领导对这种演绎性的汇报很受用，很容易因为受到感染而拍板。但是检法人员往往比较冷静，因为他们最终还要阅卷，并承担司法责任。他们通过将演绎的故事情节与在案证据所能够推演出的事实反复对比，从而得出了深刻的教训，那就是对待夸张的演绎要尽量保持怀疑的态度。

如果过早得出结论，自己到时候没有地方去找那些事实。

因为那些事实并不真的存在，在法庭上是不可能通过讲故事获得成功指控的。

为什么在法庭上搞选择性汇报这一套就不管用了？

这是因为庭审有一系列的规则，它们使得你不能靠"忽悠"了事。

1. 证据法则

在法庭上有一份证据才能说一份话。

在法庭上不仅要陈述事实，也就是宣读起诉书中的指控事实，更要围绕指控的事实进行举证质证。

如果说了证据证明不了的事实，必然被当场反驳，最后因为确实证明不了还会很难堪。即使辩护人不说，法官也要问公诉人这个事实是哪来的，有什么证据可以证明。因为法官最后还要写判决，要引用这些证据，而这个判决最终还要公开，要接受社会的质疑。现在庭审也普遍都要在庭审直播网上公开，受到公众的监督了，因此所有的事实必须要搞确实了才行。

但是在汇报的时候，并没有证据规则。

在陈述事实的时候不用一条一条把证据说清楚，因为这样太过复杂了。为了简单，汇报人往往会省略证据部分，而直接说事实和分析结论。

这就导致事实到底是建立在什么基础之上的不清楚，那接下来的分析和结论就更不用说了。

即使有人感觉描述得夸张了，一般也不好意思质疑对方。只有领导可以质疑汇报人——不是谁都可以质疑汇报人的，而且你即使质疑汇报人，也不会要求他出示全部证据，更不会要求他展示证据原件。

他的汇报是对证据的展示还是对证据的表述，他的汇报是否具有模糊性和选择性，根本没有可以控制的规则。

除非听取汇报的人详细了解所有证据的全貌，否则也无法质疑其对证据的描述是否客观、全面，更是无法判断其是否选择性地描述了证据、杜撰了事实。也就是说，汇报的不客观性主要是因为没有举证和质证的约束造成的。

庭审的客观性全在于它要求全面举证、充分质证，虽然过程冗长，但是可以保证最终审判结论建立在比较牢固的基础之上。

相比之下，汇报因为没有证据规则，就会放大人性之恶，无论是杜撰事实，还是裁剪事实，都会引向错误的结论，让案件的讨论无法建立在公正客观的基础之上。

2. 辩论原则

庭审的激烈往往表现在辩论上。

这个辩论贯穿于庭审的始终，而不是仅限于法庭辩论环节。

事实上，很多交锋在质证环节就开始了，而且非常关键，因为对于某一个证据的意见能否成立，直接关系到最终结论能否成立，因此往往是寸土必争的。还有一些交锋在宣布法庭规则和人员名单、宣读起诉书时就已经开始了，在法庭讯问的环节，更是会通过交叉询问的方式批驳对方的观点。

这些辩论就导致法庭上的火药味很浓，这也是庭审实质化的体现。

但是汇报时往往不好辩论，一般也就是各说各的意见，即使不支持对方，一般也要技巧性地给对方留下面子，哪能针锋相对地揭穿对方的错误？你一言我一语的，那就不仅是破坏了和谐的氛围，也是对领导的不尊重。

领导不是法官，不是来听辩论的，因为汇报的时候没有辩论这个规则，其潜在的规则其实是尽量避免辩论，各自说完自己的意见就完了，最后让领导定，尽量避免当面起争执。

那些在汇报场合老是与别人争论的人，往往被认为是不成熟。

所以汇报场合不仅没有辩论规则，甚至是反对辩论的。

这样一来，虽然看起来也是兼听，但其实并没有听得分明，因为有些道理没有讲透，有些不对的观点没有被指出来，有些没有证据支持的事实没有人提出质疑，这样一来汇报所形成的信息仍然存在不充分、不准确、不透彻的问题。

在这个基础之上，得需要多少的智慧才能得出有充分证据支持的结论？

此外，由于汇报存在上述天然的缺陷，就导致形成了一种"正义之雾"现象，透过汇报来做决策就像雾里看花，其所能够得出证据结论的可能必然要远低于通过证据规则和辩论原则保障的庭审活动。

并不是说通过汇报不能得到公正的结论，而是说汇报没有得到公正结论的保障机制，全部的公正性只能寄托于司法官的良知，目前的情况是全无制度保障其汇报避免选择性的。

这也是为什么要推进司法办案责任制和以审判为中心的诉讼制度改革的原因。

既然通过汇报根本限制不了选择性，那就干脆不要汇报了，就让他自己定，出了问题该找谁找谁。而且所谓的有错误，也不是光说就行，也必须通过司法的方式，比如通过审判监督程序，通过诉讼的方式进行判定，因为诉讼是有规则的，是有程序正义的基础的。

人性具有难以避免的不稳定性和不可靠性，正义的实现不能建立在这种不稳定性和不可靠性基础之上，必须建立在制度和程序之上才能稳固而持久。

行政拘留入刑的程序法思考

前些天看到了刘仁文老师《我国行政拘留纳入刑法体系构想》这篇论文，很受震动。

这篇文章讨论的是刑事案件数量从目前每年 100 万件提升到 600 万件的问题。

因为行政处罚的案件十倍于刑事案件，而单处行政拘留的又占到一半，也就是刘老师提出的是增加 500 万案件的问题。这个工作量的提升一定使很多刑事检察官和法官头晕。

当然这也关乎每年这 500 万~1000 万人（很多案件不止一人）的人身自由能否得到公正处理，能否得到充足的司法保障。

其道理与当年劳动教养的废除是一样的，都是由公安机关自诉自审，有违程序法治原则。

区别就在于行政拘留的时间要远远短于劳动教养，但是行政拘留的适用范围却远远大于劳动教养，涉的人数要多得多。

因此，此工程如果由司法机关接过来，是颇为浩大的。

法律人的同理心

这不是小的成本，这是超过目前刑事案件受理能力数倍的成本。

我认为应该由司法机关接过来，理由是司法文明发展到今天，应该有更高的要求：即使一天的自由剥夺，也应该走司法程序。

我们对人权保障的颗粒度变细了，不再是以年计、以月计，而是以天计，这符合法治需求的更高要求，符合法治发展的趋势。

那接下来就是怎么干的问题了。

庆幸的是，这几年由于认罪认罚制度，包括速裁程序的推动，司法机关已经找到了一些更快处理刑事案件的模式，有些地区还采取48小时全流程速裁工作模式，这些都为更为轻微案件的处理提供了一些探索。但是这些探索还远远不够。

因为这些探索都是建立在1个月拘役，这个刑罚最低刻度基础之上的。

而目前要将这个刻度变成1天，很多规律就不太适用了。

比如48小时全流程速裁工作模式，已经快到极限了，但是这样也比最低的刑罚刻度高了一天，也就是耗时两天审理完的案件，判一天恐怕是不合适的，至少要判两天。

如果最低只能判两天，那么刑罚这个新的最小刻度就没有意义了。

这主要是现有的诉讼模式决定了程序没法快到那个程度。

当然，这样说有点极端了。实践中，从目前行政拘留的处理上看，一般起步也是 5 天，很少判两三天或者一天的，毕竟这么判也不太严肃。

从这个意义上看，48 小时这个机制好像也还行。但其实不行。

因为 48 小时这个机制需要公检法集中在公安执法办案中心办公，其成本还是很高的。而且必须是非常清楚简单的案件，目前也主要是醉驾，对于稍微复杂一点的伤害等案件，一般都不太好用。

行政拘留的案件可并不都是事实非常简单的案件，而是各种类型都有。轻微的案件未必简单，这是我们需要注意的。

那诉讼流程应该怎么走才能保障效率和公平？对于未来将要接纳的行政拘留，或者以后叫短期拘役刑，或罪轻刑之类，必须设计一套新的诉讼制度。

刘老师提到了一种叫作刑事处罚令的制度，在欧洲国家普遍采用，也有学者将其翻译成检察处罚令。

它是指只要嫌疑人同意，就不用开庭，由检察官签发处罚令状，由法官签字确认即可服刑的一种诉讼模式。当然在一定诉讼期限内，嫌疑人可以反悔并要求开庭，那就要调整程序。在这种情况下，从宽的优惠就没有了。其实这也是认罪认罚制度的延伸。

从未来诉讼制度的发展看，认罪认罚不仅可以从宽，也可以对诉讼程序进行简化，简到极致就是这种刑事处罚令。从本质上来说，就是书面审理机制。这与目前公安法制部门的方式也差不多，只不过是由检察机关申请，由法院审核确认的方式，有一个监督制约机制在。

同时辩护人可以介入并表达意见，这是行政处罚做不到的。

最重要的是嫌疑人可以随时申请开庭审理，要求采用复杂的诉讼程序，这更是目前的行政处罚诉讼程序做不到的。

实际上，肯定是极少数人才会申请，大部分人不会申请。只是有了这个程序申请权，就有了以审判为中心的后盾，就能够保障认罪的真实性，从而最大限度避免冤错案件的发生，确保司法公正。

这也是要将行政处罚纳入刑法体系的根本原因。与其说是将行政处罚纳入刑罚体系，不如说是将其与拘役刑相结合，降低刑罚刻度。因为一旦纳入刑法体系，即使关一天也是刑罚，也是一种前科，也会带来前科的污名化效应。不仅对于被告人个人，也对其家人产生负面影响。这也是很多学者不支持行政拘留入刑的重要原因。

刘老师提出了前科消灭制度。但前科消灭制度的审核，也是一种沉重的负担和成本。即使前科在一定时限之后就可以被消灭，但在这段时间也还是会造成关键性的影响。

这就带来另一种效应：虽然司法程序公正完整了，但实际上处罚更严厉了，对轻微犯罪人更加有害了，还不如现在的行政处罚模式。在现行模式下，即使被错误地适用了行政处罚，也总不至于被搞成前科。

对于这个问题，笔者有一个建议。

与其分成轻罪、重罪两个档次，分别对应前科附条件消灭和不消灭两种制度，不如分成三个档次，那就是极轻罪、轻罪和重罪三个档次。对于极轻罪就没有前科，也不存在消灭不消灭前科的问题了，就是没有前科，就跟行政处罚差不多，只不过是由司法机关确定的，这样既能保证程序完整，又能摆脱前科的困扰。在轻罪案件中设置附条件消灭前科的制度。重罪则是长期保留前科。

极轻罪可以考虑设置为1个月以下拘役，单处罚金，定罪免刑等，基本就是承载了行政拘留移转过来的案件范围。

对于易科制度，我持保留态度，这种只要交钱就可以不用服自由刑的方式，实际上就相当于赎刑，容易产生只有穷人坐牢的问题，不利于司法公平。消减自由刑的问题，需要通过法律制度的改革以及刑事政策的调整解决，不应该通过被告人支付赎金的方式解决。

很多有点钱的老板或者白领经常在法庭上说，我挺忙的，能不能多交一点罚金，刑少判一点或者别判了。这口气让人很不舒服，给人一种有点经济实力就不用坐牢的感觉，也会让法官反感。

法官都要向他解释，咱们国家法律不存在刑罚由被告人自由决定的规定。然后就要问被告人，你到底认不认罚了？

被告人就低头说，那还是认吧。

如果允许易科，那会给人一种什么感受？

判非监禁刑是可以的，也是提倡和鼓励的，但绝不是因为被告人有钱，而是因为犯罪情节没有那么严重，被告人的认罪悔罪态度好，人身危险性比较低，这与其富裕程度没有必然联系。

行政拘留入刑导致案件量大增，还涉及程序分流的问题。

这些新增的数百万件案件，按照现有的不起诉标准都是不应该起诉的案件。比如作不构罪不批捕的案件，却可以处以行政拘留15日。那只能说明所有行政拘留的案件都应该不起诉。当然，这是现在的标准和逻辑。

一旦拘役刑下调到一天，那就是说判一天的案件都要起诉了，虽然是刑事处罚令的形式，那也不是不起诉。

那这个不起诉的标准一定要有一个大幅度的调整，才能适应这种新的刑罚结构。

比如有可能判处5日以内拘役或者单处罚金的案件，可以不起诉吗？

这样的话，目前作不起诉的很多人都要起诉了。因为很多不起诉的人都被作了行政处罚了，而且还是10~15日的行政拘留。这部分以行政处罚令的方式被处以刑罚的人，也不应该保留前科。

至于不起诉的标准问题，还需要再研究。

关于强制措施的政策倒是比较清晰的，那就是对于极轻罪行的案件，原则上都不能采取羁押措施，也不应刑事拘留。他本来就是几天的刑罚量，你再拘留一两个星期，那真成了以押代刑了。

这就和目前少捕慎诉慎押的政策是吻合了。

目前已经有非羁码、电子手铐等几种羁押的替代措施。笔者认为在这些羁押替代措施之间也是有比例原则的。比如电子手铐的监控力度和强度就要高于非羁码。

对于极轻罪，原则上一般应当适用非羁码等轻电子监控措施，必要时才允许采取电子手铐的监控措施，在极特殊的情况下才需要经过复杂的审批手段适用真正的羁押措施。

既然强制措施可以采用非羁押的方式，那么对于实际的刑罚，虽然只有几天，也可以适用缓刑方式，或者处以社区服务等新型的刑罚，总之就是极力避免监禁刑的适用。

如果行政拘留入刑推行开来，将是一个极为浩大的工程，涉及刑法和刑事诉讼法的系统性改造。面对法典化的呼声，笔者倒是认为可以以此为契机，对两部法律同时进行法典化改造，从而一揽子解决两法之间许多不配套、不衔接的问题。

醉驾步态测量仪

醉驾的入罪标准过于简单，以至于成为机械执法的重灾区。

我曾多次建议采用步态测量的实质标准，但总是被批评操作过于复杂。

那本文就提出一个比较容易操作的标准，就是醉驾步态测量仪。

既然是 21 世纪的司法环境了，科技也日新月异，非羁码都出现了，因此这个设想也并非天方夜谭。

醉驾步态测量仪的原理很简单，就是通过对大量醉酒后步态的数据分析，得出一定的数据基准，简单来说也就是步伐晃到什么程度就可以推定其不能有效控制身体，从而也就不能有效控制测量了。这一步态数据的研究，对于血液酒精含量 80mg/100ml 的标准也有完善的作用。

80mg/100ml 的标准过于简单，缺少足够多的数据研究支持，有必要予以进一步调整。

醉驾之所以有危险，是因为司机不能有效控制车辆，司机之所以不能有效控制车辆，首先是其不能有效控制自己的身体。

因此 80mg/100ml 必须与不能有效控制身体形成一种对应关系，也就是 80mg/100ml 应该属于临界值。过了这个临界值，就不能有效控制身体，绝大多数的人走路就要晃得很厉害。

但是目前并没有类似的大规模科学调查，通过大规模醉酒后的步态样本收集，就可以得到一个更加科学的结论。

也许这个临界值是 110mg/100ml 呢。

当然了，这是醉驾步态测量仪研发的副产品。

设计醉驾步态测量仪的目的，主要是弥补血液酒精含量单一标准的不足。血液酒精含量标准的一个巨大缺陷就在于，它忽视了人体对酒精耐受性的巨大差异。

这个差异说白了，就是有的人能喝，有的人不能喝。有的人喝一斤，还气定神闲能正常聊天；有的人喝半斤就已经多了。

显然，喝半斤的人血液酒精含量要低于喝一斤的，但是从真实的危险性来说，那个血液酒精含量低的反而危险更高。

也就是有些血液酒精含量 70mg/100ml 的人才是真正的危险驾驶，因为他已经醉了，而有些血液酒精含量 120mg/100ml 的人，可能还更加稳当一些，走路都不打晃。

走路打不打晃，是酒精对人体产生作用的实质标准，也就是判断醉没醉的实质标准。相比之下，血液酒精含量只是一个形式标准。形式标准虽然简单，但经常是不准确的。

这就像在酒桌上，判断一个人是不是醉了，看的不仅是他喝了几杯了，更多的是看他是不是趴桌子上了，是不是站都站不稳了。

相比之下，后面的标准还是更加准确一些。

这其实是常识。只是这个常识往往需要用肉眼、用经验来判断，这种判断有一种主观性，从而有可能影响司法的公平性，这也是为什么目前只能使用血液酒精含量标准的原因。

并不是这个标准好，而是不得已，因为它的数据是客观的。

而步态、打晃的判断，是主观的。

这都是老观念了。

现在已经可以通过步态来进行身份识别了，这要比判断醉态难得多。

因为这都有赖于人工智能、机械学习和数据技术。

现在由于 5G 技术的普及，在移动端进行大数据传输，在比较短的时间内与后台海量数据的比对和初步判定已经成为一种现实。

这也是无人驾驶的基础，无人驾驶就是时时对外界复杂信息与超大数据进行时时分析研判，并且要实现超低延迟，否则就撞了。

而步态判断的紧迫性和复杂性要远远低于无人驾驶技术。

因为步态的方式比较单一，就是走直线，大概十米，耗时十几秒钟，所记录的影像时间很短，传输起来非常方便。判断的参数也不多。

1. 左右偏离程度

也就是走起路来是不是左摇右摆，其检验的就是被测试人行走路线与中心线的偏离程度。

一般人走路都是走直线的，不会去画龙，即使模特的步伐，也是在非常小的幅度上有所摆动，摆动的幅度也不是很大。而且摆动是有规则的，动作有力。

从这个意义上来说，左右偏离的程度越大，就说明醉酒的严重程度越高；越是不能控制住自己的身体，也就越是不能控制得住车辆，其驾驶的危险性也就越大。

实践中，有些醉驾者直接就在现场睡着了，有些站都站不起来，或者一走路就倒了，或者直接往左或者往右偏下去了，根本没法回到直线上来。

这些人就比较容易判定为醉驾。

但是有些人，虽然血液酒精含量挺高，比如 150mg/100ml，但是走路非常稳，几乎没有偏离。

2. 前后偏离程度

也就是走起路来有没有前颠后倒的情况。有一些人，走路

时是相对直的，左右摆幅比较小，但是容易向前后栽。其实还是走不稳，只是用力不想左右晃，但是又控制不了向前后倾斜，走路一顿一顿的，也还是控制不住。

3. 步伐流畅性

正常人走路都是保持匀速、自然流畅的，既能保持一定速度又能够保持平稳，这就是很好的控制。

但是当酒后失控时，往往就走得不平稳了，主要是在酒精的作用下，身体的稳定性变差了，动作反应迟缓，平衡感下降，反应速度变慢。

这直接就影响了步伐速度，不敢走快，一快了脑子跟不上就会摔倒。所以就会呈现慢慢悠悠、晃晃悠悠的状态。

这种流畅性，需要更多的体态数据进行测量。

4. 身体姿态

正常人的走路姿态，往往是腰要直一些，当然这是相对的，但脖子一般也是挺直的。

但是酒后，尤其是醉酒后，往往会头部、肩部下垂，呈现松松垮垮的状态。这都是在酒精的作用下，身体肌肉没有发力的原因。我们知道，人笔直地站立和行走时全身的肌肉是有一些紧绷的。

为什么站队列的时候，稍息姿态就会轻松一点？就是因为不需要站那么直。站得直是需要力量支撑，是需要身体控制的。

身体失去控制的时候，人也会越来越没有力量感，就像没有骨头似的，说的就是这种状态。

此时的姿态测量，就是要测量这种松垮的程度。看起来好像很复杂，但是经过大数据的分析就可以得出一定的规律。

我只是抛砖引玉地提出了一个测量维度，随着这项技术的发展，我想一定可以发现更多的维度，从而使步态测量越来越精确。

通过前文提到的这四个参数，再加上以后更多的维度测量，就能够得出相对精确的醉酒状态临界值。

也就是通过这些维度进行加权计算分值，得出一个类似于80mg/100ml的分值。当然这也是一个近似值，但它与血液酒精含量不同的是，它是对身体控制能力的直接反应。

血液酒精含量是对身体控制能力的间接影响，因为它必须通过身体的酒精耐受力才能对身体控制能力产生影响，但是酒精耐受力从未被测量。由于其反应机制过于复杂，因此目前也不易进行量化。

但是步态有客观的表征，有相对简单的维度和固定的模式，也容易积累大量的数据，是比较容易进行量化的检验方式。

通过对步态的量化测量，就可以与血液酒精含量相互结合，并得出相对客观公允的结论。

也就是在血液酒精达到一定的毫克数，且步态测量显示不能有效控制身体的情况下，才足以入罪。这是将 80mg/100ml 的单一标准，转变为血液酒精含量＋步态测量值的复合性标准。从而将真正对交通安全有现实威胁的人筛选出来再进行刑事处罚。对于那些虽然喝了酒，但并没有喝醉的人，不宜把他们按醉驾进行处罚，因为从常理来说，他们既然没有喝醉又怎么能成为醉驾呢？既然不是醉驾，那就只是普通的酒驾，那就按照酒驾进行必要的行政处罚。

通过复合标准，就可以在刑法不断扩张的今天保持必要的谦抑性，实现精准打击。

通过一定的设计研发，步态测量仪可以与执法记录仪相互融合，在记录影像的同时就向后台发送步态检测的请求，在一个相对短的时间内，后台就可以通过海量的大数据，检测出步态不稳定值，这个数值可以直接在执法记录仪上予以显示。从而实现一种自动判断，减少主观判断随意性的风险。在操作上也没有什么难度。

当然，步态测定也有一定的风险，那就是每个人步态日常的稳定程度也存在差异。比如有些人平时走路就稳，有些人平时走路就不稳，这与平衡感和身体条件有关系。

因此，在执法现场所限制的步态不稳定值只是一个初步的数值，这与吹气的酒精含量作为初步数值是一个道理，最后还要以抽血化验检测作为最终的结果。

那步态也有这个问题，这个问题就可以通过酒醒后对清醒步态进行再次测量，从而调整偏离参数来解决。

也就是用醉酒的步态与清醒的步态进行比较，从而得出一个实际的偏离值来判断是否达到醉酒的不稳定程度，由这个值作为最终的步态不稳定值。

用抽血检测得来的血液酒精含量值，结合本人的醉酒步态比较本人的清醒步态所得来的不稳定值综合判断，这两个值都达到标准，才能真正入罪。

司法通过科技赋能可以提高对于复杂情况的精准化判断能力，降低粗线条的机械执法风险。

联席会议到底有没有用？

我觉得联席会议有用，但用处不大。

我办案的习惯是不太找别人商量，一般自己拿主意。我总觉得开会是耽误工夫。

但我也知道，有些人喜欢与别人商量，我也经常给其他同事提供意见。

这种真诚的意见往往是小范围的，因为范围小，因为关系比较亲近，就可以开诚布公地提一些中肯的意见，有些意见甚至是反驳和批评性的，这些意见只限于私下里，在公开场合往往就会有所保留。

联席会议的问题就是人比较多，领导又在场，提一些不一致的意见吧，又害怕承办人下不来台，好像就显出了自己。

越是人多，越是不容易深入讨论，越容易流于表面，或者只是一厢情愿地提一些看似正确的意见，却毫无可操作性。

比如很多人的意见，就是这个再查查，那个再查查，无论何时讨论，总是有东西需要再查查。

但是查到什么时候是个头？案件总是有期限的，侦查人员的精力也是有限的。

而且有些证据就是调不来的，或者说成本太高了，不可能为了一个案子，别的事都不管了，这里还有成本的问题。

案件事实其实是法律真实，不是绝对真实，没有绝对完美的证据链条，即使有所谓完美的证据链条，我也怀疑那是假的。因此，所谓的定案都是在不完美的证据情况下定案。

所谓的事实清楚、证据确实充分，只是一个相对的概念，不可能有绝对的清楚，绝对的确实充分。

这种相对性的把握外人很难做到，只有亲身经历办案过程的人才能做到。

比如承办人详细地进行了阅卷，提讯了犯罪嫌疑人，询问了被害人，听取了辩护人意见，有些还自行补充侦查了相关证据，这些经历都需要耗费大量的时间。所谓阅卷也不是把案卷翻一遍就行了，一定是对案件事实和证据烂熟于胸的。

所以合议庭合议是在认知深度和水平相当基础之上的讨论，这才是有意义的。

检察官办案组内部的讨论也是有意义的，因为大家都达到了一个相当的认知水平，都对案件有了亲历性的了解。

但是如果有的人看卷了，有的人没看，甚至提讯都没去，那讨论起来也是瞎讨论。

司法官联席会议在讨论之前所阅读的案件资料，往往是案件的审查报告。审查报告一般是二手信息，是经过裁剪和选择的信息，具有一定的倾向性。

事实上，也不可能做到让参加联席会议的人员都看卷，因为他们也有自己的案子要办。如果每一次都像办一个自己的案子那样去阅卷以准备讨论，那就不用再办自己的案件了。

因此，即使有原始材料，其他司法官也不愿意这样投入，因为责任也并不在他自己身上。

司法办案责任制决定了谁的案件谁着急，因为着急了才愿意投入和付出，正是这些投入和付出才换来了对案件的深入了解和认知。

正是因为这些深入的了解和认知，才为正确处理案件提供了认识基础。

但是联席会议的参加人，既然不用承担责任，也就无须过多付出，自然也就无法达到相当的认知水平。

这个时候讨论就没有太多意义了，因为没看过卷，甚至提前提供的审查报告也未必看全，就等着在会上听汇报，现拍脑门子拿主意。

这种讨论方式就很容易浮于案件的表面，只是就汇报的内容做一些泛泛的讨论，因为其他人不了解太多没有汇报的信息，也不知道承办人为什么要这么汇报，对这个案件的细节不了解。

这些认知的局限，导致其他司法官在发言的时候，往往不太愿意说细节，进而导致联席会议无法充分依据对案件事实证据的深入分析得出结论。

听汇报的人往往就会说一些怎么都没毛病的观点：再查一查，再研究研究，再看看相似的案例……这些观点非但不能解决问题，还会耽误案件的及时解决。

因此，我之前也谈过了，会议的方式是不适合讨论证据问题的，因为不具有相当的认知水平，也就是没有调查，就没有发言权。对案件不了解，或者一知半解的情况下，就发表处理意见，也是不负责任的表现。

此时形成的所谓多数意见，也没有太多道理可言，因为这些多数意见缺少对证据事实的深入了解，没有太多客观的依据。即使是多数也是违背科学的认知规律的。

而且联席会议还会形成了一种司法决定的束缚。

承办人由于对案件的了解比较深，就容易形成一种了解之同情，基于一些对案件的感性认识，能够了解到一些表面上看不出来的信息，形成一种独特的司法感受，这也算是一种感同身受。

因为了解，所以知道案件背后的社会原因，知道了嫌疑人的一些难言之隐，以及其走上犯罪道路的真实动因，因此也更愿意做一些轻缓的决定。

但是那些没有这种亲身感受的人，就很难有这个体会，就容易产生机械化的处理意见。

没有亲身感受的人，就容易忽略，或者就认识不到案件的特殊性，从而容易固执地坚持一些保守的观点或者习惯做法，以致产生一些机械执法的倾向。

因为不了解，因为印象模糊，就容易符号化地处理、模式化地处理。

把案子当成了数学题，没有把人的因素充分考虑进去，就会给人一种冰冷感。这种保守化倾向，会随着联席会议的制度化而更加强化。

比如要求一定要将不捕不诉的案子拿到联席会议上讨论，这就给不捕不诉的决定增加了成本。有些检察官怕麻烦，那就干脆起诉算了，起诉反而省心了，而且一般人都想省心。

联席会议就成了一种麻烦工具，不是为了参谋，而是为了限制；不是为了解决问题，实际上成了不解决问题。

虽然联席会议的意见不是必须执行，但是如果违背了联席会议的多数意见而按照自己的意见处理，那在追究责任的时候，一定是要重点承担责任的。

这样一来，谁敢轻易不遵守？如果联席会议的意见都一定要遵守，那不就相当于"决定"，而不再是"参考意见"了吗？

这不是就相当于变相剥夺了司法官的司法决定权吗？

司法责任制的决策机制，可不是联席会议决策机制，而是以法官、检察官和合议庭为决策主体的，因为他们有相当的案件认知水平，他们对案件足够了解，因此也就更接近公正。

让更有可能作出公正决定的人，把案件拿给一些不了解案件的人讨论，那会有什么好处？

好处就是在某些时候确实可以产生参考作用。

但前提是参加联席会议的人要全部阅卷，而且还要十分认真，但是这样的参会人员能有多少？这样的联席会议能有多少？

如果无法做到对案件的充分认知，就应该放弃形式意义和仪式感很强的联席会议形式，回归到随机的、随意的同事讨论模式。

这种不经意的讨论，没有领导主持，没有多少人参与，而且意见真正是仅供参考、不具有约束力的。

商量在本质上是有意义的，相较之下，煞有介事是没有意义的，而且也非常浪费时间，参加的人越多越浪费时间。

联席会议如果想做到帮忙不添乱，就应该从严肃的正式形式回归到非正式的交流讨论模式。

从重形式向重实质的方向发展。

第四章

事业心

司法改革的工程学

我们常说司法改革是一个系统工程。这里不仅体现了系统性的思维，也体现了工程学的思维。

以往我们对系统性强调得比较多，对工程学思维强调得比较少，结果就导致这个系统落不了地，运转起来老是出毛病，建成了还不如不建，总有一种人在危楼中的感觉。居住环境并未得到改善，反而更加憋屈了，根子就是缺少工程学的思维。

那么工程学是什么？

工程学是一门应用学科，是运用数学、物理及其他自然科学的原理来设计有用物体的进程。当然，将其应用到司法领域肯定是有一些比喻性的色彩，因此很多人就没有把它当回事儿，完全把"工程"二字抛到脑后，结果只能建起"空中楼阁"。只是看起来很美，结果根本没法运转。

这是因为它放弃了系统工程的"工程"。工程不仅仅是比喻，也有实实在在的客观规则和逻辑规定性。

一是严谨性。

这个严谨性不仅是文辞意义上的严谨性，也是实际操作起来的严谨性，也就是逻辑要周延，不仅仅是通顺，而是必须符合严格的数理逻辑。

就像一张图纸一样，必须能够经得起推敲，不能违背基本的力学原理，因为那样盖起来的楼会塌，按照同样悖谬逻辑建立起的司法改革工程也一样会塌。

当然，这个时候用的检验的标准就不是力学原理而是司法规律和一般的社会学规律了。

二是具体化。

不能从抽象到抽象，从要求到要求，搞空对空。如果图纸只是停留在表面，楼是永远盖不起来的。同样，如果改革的要求也只是停留在表面，那么改革也就永远落不了地。

但是社会工程与建筑工程的区别就在于，前者很多时候就是通过文字进行建设的，由于语义的含混性，其中的逻辑谬误不直观、不刚性，所能产生的结果在人们的想象中也不直接。

比如上面有一项制度，下面出台一个细则，然后组织一下学习，领导讲话强调，要求各单位部门予以切实贯彻。感觉就已经落地，抽象的"楼"就盖起来了。

但是很多时候是什么也没盖起来，没有形成微观的可操作性的制度支撑，没有生长出新的制度框架，一切设想仍然停留在纸面上。

这就与只谈设想、只画图纸但不开工一样。这就是真正的"空中楼阁"。

三是要接入网络。

我们看别人盖楼，总以为就是把一个建筑建起来就完了，不用考虑其他的。

但是在现代社会，如果一个建筑没有配套工程，不接入市政管网，那就是一个死楼，是不能运转的，是没法住人的，根本不可能上市销售。事实上，拿地的时候就要求三通一平了。

油气水电不通你怎么住，宽带不通你都受不了吧，还有周围的路网、消防通道是否做好，都是有规定的，这直接决定了这个建筑能否交付使用，使用价值到底有多大。

对于司法工程也一样，它不仅仅是司法机关一家建楼，它还要与社会发生联系，要能够正常运转，要接入社会网络。就比如司法官等级与行政职级对等的问题，出去就不认了，或者在司法体制内部提拔领导职务，也不认，这就是没有与社会联网。

这也反映了司法工程的建设过程还缺少真正的系统化思维，没有在更广的社会网络中为其进行配套化的调整，只是考虑司法工程的自己建设，忽视了社会工程的配套建设。

四是工程质量监控机制。

建筑工程的施工过程有监理，工程完工有验收，不合格的工程根本就不能交付使用，如果有严重的质量问题，宁可推倒重建，也不能住人。

因为楼塌了是会死人的，前些年建筑工程比较受关注，现在通过管理，建筑质量已经得到相当的保障了。这主要依赖于工程学思维的严格落实。

但是司法工程往往没有监理和验收机制，因为也没有一个标准规定什么样算是完工了。

这也说明司法工程的标准化程度不高，没有严格的质量监控体系，有些甚至就是完全没有质量控制机制。

这主要是因为不会发生塌楼那么直接的惨剧，其危害的后果释放得比较缓慢，不会被一眼看出来。

司法工程建设得好与不好，可能几十年以后才会显现，而这个几十年的过程中还会有很多介入因素，很难说清楚到底是司法工程的问题，还是其他的问题。因为它缺少刚性的标准来衡量。

因为缺少刚性的、物理性的标准来衡量，是不是就完全无法评估，完全无法控制了？

其实也不是，比如人口老龄化问题，它的显现过程也非常缓慢，但是有很多指标特征，有很多其他国家的演进规律可循，有人口普查的数据比较作为决策的依据，虽然真正结果的显现比较慢，但是我们还是能提早作出一些判断。目前的人口政策调整就是很好的例子。

　　社会工程并不是完全不能把握和预知的。

　　作为社会治理体系的司法工程也是完全可以预知、测量和判断的，但这需要借鉴工程学的原理，严格依据科学规律进行决策，这背后是真正的系统思维和科学精神。

员额制循环问题

员额制的初始化设置只考虑了员额的单循环，忽视了助理这个序列的循环。就像血液系统只有动脉，没有静脉，那新的血液从哪里来？骨髓造血是来不及的，必须形成双循环，才能够持续运转。

现在，仅靠员额制的单循环就有无法正常运转的风险。为什么这样说？

我们知道，入额之初都是本院入额为主，上下级的员额遴选还没有批量化地启动。初始阶段五年了，各级院的员额都入得差不多了，可流动空间不大了。而且由于基层院的员额层级较低，年轻的员额到现在还不符合到上级院遴选的条件，符合遴选条件的资深检察官又处于领导岗位不愿意动。

另一方面，上级院还有一批六七年前遴选上来的资深助理，由于没有助理审判员和助理检察员的职务不能在本院入额。这六七年来，上级院直接招录的大学生也一样入不了额。当然，他们的级别也还不够。

这些人目前都已经符合了到下级院入额的条件，但是他们都不愿意下去，遴选上来的老助理，因为是从基层院上来的，也不愿意回去。他们的徒弟都已经入额了，他们自己也都三十五六了，也就不想动了。

上级院这些年来招录的大学生倒是有一些人动了去下级院入额的念头，但是因为下级院自己的人还入不过来，因此也普遍不愿意接收。

这就僵持住了。

现在的局面是，上级院的助理在体制内没有出路，离职率增加，留下来的人越来越少；从下级院遴选助理又解决不了在上级院的入额问题，来了也是跟着一起没出路，以至于几乎没有多少人愿意以助理的身份遴选到上级院。

即使因为其他原因遴选上来了，但是短期内也看不到政策松动的可能，还是有可能把这些人给耽误了。

所以现在的趋势是上级院的助理在枯竭，只能遴选员额，但是上级院的工作性质与下级院不同，没有经过助理这个熟悉的过程，适应起来也存在一定的困难。而且最主要的是上级院在人才梯度上的代际更替没有了，缺少了经验传承的依托。

下级院的助理也失去了一条职业成长的重要阶梯，只能千军万马一起挤基层入额这一条路，导致目前的平均等待时间在十年以上，以至于不少年轻人因为等不及而离开了。

这就是一种循环不畅的体现。

在考虑员额制的时候，缺少了这样的双循环逻辑。就好像工程里边只考虑上水没考虑下水。当然，这两个循环管道，好像是分离的，可以独立存在的，但是可以想象一下，缺少任何一个循环，那生活得有多么不便？这是一个工程学的常识，是一种对称性逻辑，如果哪个工程师，只画了上水的图纸而没有画下水的图纸，那他一定是不及格的。

但是我们政策制定之初就缺少这样对称性的循环逻辑，觉得一个循环就挺好了。这个政策叫司法办案责任制，主要就是解决司法官的问题的，那如果把司法官循环解决了，还有别的问题吗？

我们想象所有人的都到基层院入额，入额之后再到上级院遴选，这看起来是通的。但是没有考虑上级院要不要助理的问题，因为这里只输送了员额，没有输送助理，忽视了这支后备队伍的运转问题。

而且按照司法责任制的既定逻辑，大家都要到基层院入额，那为什么还允许上级院招大学生？当然，可以说是为了保障这些单位在过渡期有助理用，但是有没有考虑上级院的助理愿不愿意下来的问题？有没有考虑下级院愿不愿意接收的问题？如果既不愿意下来又不愿意接收，那就无法实现流动。那缺少助审员和助检员条件的老助理，更是没有得到尊重和考虑，普遍有一种作为牺牲品的失落感，他们整体上也缺少向下流动的意愿。

这就导致只有员额流动，没有助理流动，这样员额培养助理时形成的经验就无法得到传承。

加之上级院本院入额的通路无法打开，只有纵向流动缺少横向流动，就使得大量的年轻人只能拥挤到在基层院入额这一条路，导致线路拥堵超载。而另一侧，助理遴选的一条路基本被堵死了。年轻人的选择从两条路变一条路，司法人员的双循环被压缩为一个单一的大循环。这就同时产生上级院助理逐渐枯竭不流动和下级院入额通道过于拥挤两个梗堵现象。

这样的循环最终导致职业成长过程中等待的时间过长：从原来两三年可以独立办案，到现在的十年才能独立办案；从之前的三五年就可以获得遴选到上级院的机会，变为现在的十五年以后才可能有遴选的机会。等了这么久之后，到了家庭和社会网络都固化，人的精力也逐渐下降的时候，人还愿意流动吗？不知道有没有人考虑过这些问题。

通道减少带来流动性下降，流动性下降带来成长周期拉长，成长周期拉长必将消磨职业进取的意志，就包括职业跃迁的冲动。因为职业岗位跃迁是需要付出时间成本的，需要适应新的环境，积累新的经验。对于年轻人而言，所消耗的成本可能小一些，时间上也消耗得起。但是对于有十几年工作经历的

人来说，一旦抛弃既有熟悉的工作环境，损失是很大的。付出
的成本高昂，如果收获并没有特别的大，而且在新的环境中成
长速度也不快的话，那就会显得得不偿失。

　　根本的原因就是少设计了一个循环。

权力与责任要对等

责任制不是只有责任的制度，而是责权利对等的制度。

责任是从属于权力的，也就是他能够决定的事，他才能负责；他能决定多少事，他就要对多少事负责。

如果你决定，却让他负责，那不就成了欺负人了吗？

这样不仅是不公平，也不能杜绝权力被滥用的风险，因为滥用权力的人会一直躲在幕后，一直滥用权力。

承担责任的人只是"替罪羊"。

现在责任制的问题是权力没有了，只剩下责任了。司法官个人决定不捕不诉不判的权力几乎是没有的。

有一段时间，也就是在司法责任制的初期，还一度下放过一些这样的权力，但是没过多久就基本收回了。

不仅是实体性的处断权，就连一些延期退补这些程序性的权力，原来在主诉制阶段就已经下放的，也就是在二十年前就下放的权力，现在很多也收回了。

现在手握捕诉一体权力的员额检察官，还没有当年的主诉权力大。我当主诉的时候，除了不起诉和抗诉，基本就不用报领导了，差不多都能自己定。现在好像除了往前走的程序可以自己把握，办案节奏自己也几乎把握不了了。

不能把握办案节奏将对追捕追诉和诉讼监督造成负面影响，因为你没时间往深了查，你没有时间合并新的事实和新的被告人一并起诉。

但是追捕追诉下降的责任确实是你的，虽然案件的节奏不是你掌握的。决定案件节奏的人，不用管案件深查的问题；希望对案件进行深查的人，却掌握不了案件节奏。

有时候，对案件的深入审查可能就是要多看一些卷，反复研究一些证据，甚至要做一段时间的思考，要酝酿一下思路。如果一退、二退到一把手，为了避免这种压力，干脆也不要多想了，直接有什么起诉什么就得了。

这种情形多了，追捕追诉自然也就少了，这是一种非常自然的规律。

虽然我们也认识这种规律，却往往归错了因，把少追捕追诉的原因都归于承办人。

承办人自然要承担一部分的责任，毕竟有些问题确实没看出来，但是有些问题确实没时间看啊。

为什么节奏感那么重要？

主要的原因是办案的有效时间很少，很多基层承办人一周没有几天有效的工作时间：要开全系统会一次，院里大会两三次，部门会一两次，其他会一两次，哪个会不参加都会被批评；还要完成各种调研、信息填报、简报、表格制作、征求意见、汇总情况、新闻线索、自查报告、总结小结等，每周能有一两天完整工作的时间就很不错了。这一两天之中还要应对必要的提讯、出庭，最后剩下阅卷、打报告、研究案件的时间非常少，只能利用一些边角余料的时间，在不同会议的间隙开展工作。

所以一个案件审限 10 天，对他们来说也就只有两天了。

而且还有很多案件齐头并进，公诉案件一堆没办法，批捕案件又一个接一个地来，而批捕的时限只有 7 天。这样一来，每年平均分配到每一个案件上的时间都是以小时计算的。

如果能把握节奏，就可以把简单的案件省下来的时间留给难的案件，这样可以攒出一些相对集中的时间来思考问题。这个攒和腾挪的过程是一个动态的过程，因为其他案件也要办，那么复杂案件都要等一会儿，留一些整块儿的时间好好看看卷。

如果办案期限都是一个月，也就是在这一个月里根本没有挤出几天时间来好好看看一些疑难案件的案卷，就到期了。也就是说这个案子办得慢了。

从司法官的视角来说，是想尽力为这类案件争取一些慎重研究的时间的。但是不管案件复杂程度，一律上收节奏把握权限，那就都是以牺牲审慎性为代价的。

如果复杂案件放开思考时间，那就导致简单的案件没时间办；如果都是以按时办完为目标，那复杂案件也就没有充分时间详细琢磨了。

甘蔗没有两头甜，不从容的代价一定是没有深度的。

从效果来看，少捕慎诉慎押是方向，但它需要一份了解之同情。

也就是对犯罪的特殊性要一种认识，对犯罪起因要有深层的理解，对人性要有深刻的洞察，这些都是非亲历所不能为的。

就好像有处方权的大夫，在认定有病与健康，此病与彼病，开药与不开药以及开什么药的问题上都不需要给领导打电话。你看过哪个医生给病人看病的时候，给领导打过电话？

因为领导也没有看到这个病人啊。

不管领导的权力有多大，他都要尊重亲历性原则，这才叫责任制。但是为什么在司法权的行使上就可以打破亲历性原则呢？

你既然没有看见过这个嫌疑人，你怎么判断他的人身危险性，他口供的真实性与否，他的犯罪原因是否值得理解和同情？

这不就相当于没见过病人却给病人开处方吗？

冤错案件不就是这么产生的吗？司法责任制主要不就是解决这个问题的吗？

也就是司法责任制的第一要义是放权，让审理者裁判，让办理者决定。这就是在尊重亲历性的专业法则。

其次才是决定者负责。也就是被放权的人要对自己的权力承担责任，要妥善使用权力。

如果这个权力不放了，又收回去了，甚至收得还更多一点，那还让司法官负什么责？应该是让司法决策者负责了。但是司法决策者虽然有权力，但他没有亲历性啊，他没有看到病人啊，没有看到病人却开出药方来，那是要吃死人的，那还叫负责任吗？

那就是不负责任了。

不负责任还不最要紧的，最要紧的是他还能规避责任。因为他说责任制下，只要是承办人的问题，归责、追责都要找承办人。案件出问题就找承办人，有问题说明是承办人没办好。

他没说他拿的意见其实和承办人不一样。他可以说证据事实没审清楚，把领导误导了，因此还是承办人的责任。

还有的领导已经让承办人改了意见，现在的审批意见是同意承办人意见，那只是审核把关的问题，那更加是被误导了，更是承办人的责任。这个时候他更不会承认让承办人改意见的事了。

结果就是虽然没有权力了，但责任还是承办人的。

但是这个责任有什么用？既不能改进工作、提升能力，也不能让有权力的人对权力产生敬畏。

因为它用错了地方，没有找对承担责任的人。

因此这种责任制也是欺软怕硬的，是懦弱的，自然也就不会带来公正，没有公正就不会带来信服。

没有信服自然难以持久，甚至可能恰恰导向我们所期望的反面。

本来可以实现的、负责任的、专业主义、人性化的司法精神，反而可能演化为不负责任也不用承担责任、官僚主义、机械主义的司法现实。

司法职业还值不值得干？

有些读者忧心忡忡地和我说，现在法科生都不太愿意报考检法了：一是不太好入额；二是进步慢；三是待遇也不高，刚提升一点点，别的单位就开始拉平了；四是离职也越来越麻烦。

相比较而言，还不如直接干律师，没有什么入职障碍，跳槽也没人管，进步快，收入高，自由度更是让人羡慕。

有些抱怨可能夸张了，但不得不承认，现在司法职业的含金量有下降的趋势。

就说入额这个事儿，据很多基层的年轻人反映，平均入额时间是 10 年以上。

我是 2004 年上班的，2006 年任助检员。当时助检员是没有名额限制的，也没有级别限制，检察长可以直接任命。

很多单位都是符合条件就任命，极个别想不开的院，才会在助检员和助审员的名额上做文章。

因为在很多人眼里，助检员就一个干活的资格。

对于不想干活的人，是不会介意多一个人分担压力的，这对自己只有好处没有坏处。因为独立办案的人多了，分到自己头上的案子自然也相对少了。对于领导来说，办案的人多了，办案效率就相对提升了。

而且年轻人是主要劳动力，尤其是办理复杂案件、疑难案件，都是年轻人卖力气，也容易出成绩，还有业务精彩，也都有年龄优势。那个时候年轻是很有优势的。

现在搞得年轻好像变成劣势了。

如果平均入额等待年限为10年的话，一个本科生毕业23岁，那他就要等到33岁才能入额。现在考进检法系统的，基本都是研究生毕业，研究生毕业一般是26岁，等到10年之后就36岁了。

很多报上级单位遴选的年龄是35岁，也就是说如果他36岁还不能入额，那他遴选都没地方去了。

此时即使他辞职，能够正式执业的等待时间也会加长。

也就是一个人36岁时，因为等不到入额再辞职，很有可能要等到40岁才能正式执业。

而这个时候，毕业之后直接从事律师的同学基本上都是合伙人了，甚至很多人都自己开所了。但他才从零开始，这个机会成本的损失是不是太大了？

在体制内的人，往往不会把时间、熬年头当回事，觉得这就是应该的，慢慢悠悠、安安稳稳才是平安。但是一个人一生的黄金职业生涯其实非常短暂。我觉得大概有20年吧。前10

年算是打基础，后 10 年就要建功业了。如果前 10 年在一个地方打基础，失败了，然后转行在另一个行业再打 10 年基础，这一晃就快 50 岁了，也就不要想着像年轻人那样建功立业了。

所以呢，年轻人着急有着急的道理。

而领导层级，也是所谓的体制内的成功者，面对挣扎的芸芸众生，可能并没有太多的感觉。

为了安抚，领导可能会讲要安分、要珍惜、要等待、出去很难……

但是他们的成长都是三步并作两步上去的，在每一个岗位停留两三年的时间就走了，停留的时间稍微长了一年半载的，都会算着自己的年龄和提拔窗口期。

但是别人等了十年，他还是会说不要着急。年轻人的进步与不进步，他不着急。

所以应不应该着急，还是要自己判断。

时间成本和机会成本是必须考量的因素，这也是司法职业含金量下降的主要原因。

一个人不能尽快独立执业，是很难有成就感的。

一个实习律师，10 年不转正他能干吗，10 年之内不升为合伙人可能都接受不了。

当然，只要他干得好，他会很容易地收到别人的邀请，去其他所担任合伙人了。甚至就是自己找人合伙开所了。

也就是说在律师这个领域，它是按照市场规则来自由配

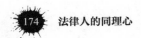

置资源的。

好的律师，能干的律师，有案源的律师，简直就是律所的财富，是要千方百计挽留下来的，并尽快尽早地提拔重用。你的提拔重用不是你关照他的成长，而是你善于把资源充分利用起来从而壮大自己的事业。

不是他要感激老板，而是老板要感激他，通过他的成长带动律所的成长，实际上是律所吃了人家的成长红利。

体制内的传统观点认为，对年轻人的培养是给年轻人的恩赐，年轻人必须对领导感恩戴德。

但是我们要认识到年轻人给司法系统带来的"红利"，因为他们是司法事业的希望，只有这些人在，才有司法进步的明天。如果只剩下一些混饭吃的，曲意逢迎的，那会有司法的进步吗？

所以，法科生不愿意报考检法机关可不是一件小事，这是在用脚投票。

如果最优秀的法律人才的第一职业不选择司法机关，那么从人才战略上讲，司法事业可能就输了，就会后继无人，在法庭对垒上就容易败下阵来。

司法系统现有的年轻人需要 10 年以上的等待，空耗他们的职业黄金期，这会使他们在法律职业市场上大大贬值。

他们即使出来了也不再年轻，而且现在想出来也不容易，想转行也不容易。

他们即使不出来，入额速度也不会变快，进步的空间也不会变大，那让他们等什么呢？

我原来说，司法职业有一个优势，就是超级稳定性，从而带来一定意义的择偶优势。但是这个优势差不多也就能保持5年。5年之内该结婚的，差不多也都结了。

接下来就要过日子了，就要考虑柴米油盐，上有老下有小的问题了，都是些现实问题。

这些必须通过职业的进步来解决，否则生活处处有落差。

当然，我一直主张司法的长期主义，要对司法的未来抱有信心，要对司法职业发展的慢节奏做好心理准备，我现在也依然坚持这个观点。

但是我必须也要重新考虑，在这个长期主义的基础上做一些必要的限定。

也就是这个长期主义不是完全没有止境、漫无边际的长期。

人们最害怕的就是失去目标，看不到成长的阶梯，或者这个阶梯太过漫长。

因为人总要以提升为激励，才会不断地焕发职业活力，否则就很容易陷入安逸陷阱出不来了，变得干什么都没劲儿了。

10年的等待时间太过漫长，根据黄金职业生涯20年的判断，我建议以5年之内为一个时间单位，考虑职业重新规划的问题。如果5年之内事业完全没有起色，或者能够明确判断至少还要再等5年或者更长时间的话，或者每一次提升都需要等待更长时间的话，那就可以考虑调整职业轨道。否则到时候再说"等不起了"就来不及了。

在完善司法入额机制的时候，我建议将最长等待时间作为一个评价因素和考量因素放入，比如经统计一个地区平均入额时间超过 10 年以上的，就说明这个地区司法官流转和职业进步的速度太慢了，就应该研究相应的措施。比如员额和助理双循环的问题，司法官等级与行政等级对等换算的问题，拓宽司法官对外流转通道、放松司法官离职管制机制等，从而将入额平均年限不断降低到 5 年左右的时间。

10 年的入额等待时间，可以看作是司法员额流转体制的警戒线，必须予以充分重视。

目前很少有人对此类预警指标进行研究，还是以为只要改了就好，自然而然就会越来越好。

这些人忘记了河床要清淤、河堤要加固，忘记了大禹治水的故事。

再好的车都要保养，再好的系统也要不断调整、完善。

何况有些系统在设计之初可能就存在一些循环通路的缺陷。

入额等待时间的不断拉长，就是循环系统在不断报警。对这一警戒值的关注，也是对人生有限性的理解，对职业黄金发展期的认知，对职业发展机遇成本的理解。这是对人才的珍惜，也是对人力资源成本市场化法则的敬畏。

不要以为提高一点离职门槛，就能把人捆住、绊住了，这么做只能让他们更加怨恨和寒心，从而进一步下调对职业的预期，并将悲观情绪传递出去。

一份职业只有更有尊严、更有盼头、更能给人带来希望和激励，人们才会真正珍视，才会更加长久地坚守，才愿意在此倾注长期主义的精神。

长期主义不是只有牺牲和奉献，长期主义必须伴随希望和鼓励，长期主义也必须尊重人性、顺应人性才能让人发自内心地投身其中。

然后，我们才会说这是一份值得干的职业。

在擅长的领域寻找信心

有人认为应该均衡发展，缺什么补什么，这个说法也对。

但我切身的感受是，至少还要有一技之长，才能真正建立信心。有一个擅长的基础，才能在人群中建立一种自信，才能在更高的起点上寻求均衡。

在工作中也一样，每个人擅长的领域不一样，不要拿自己不擅长的地方与别人比，那样会越比越没有自信。

就拿自己擅长的领域与别人比，看看自己是不是出类拔萃的，这就够了。

即使在自己最擅长的领域，在比较中也不一定是最厉害的，也是山外有山、人外有人的，也是需要不断锤炼、琢磨的。更不要说那些自己不擅长的地方，也许耗费了全部精力也未必能真正上道。

所以，对于自己擅长的技能，不把它放在那里任其长草，而是要时时拿出来发挥一下、展示一下，这样以点带面地就把自己这个人展示了。

人的优秀不可能是全方位的优秀，往往也就是某一个方面的突出，这就够了。至于其他方面，只要不是特别影响全局，问题也不大。

在发展优势的时候还有一个比较成本的问题，你用一年的时间发展自己的优势项目，与用一年时间弥补自己的劣势项目，所获得的收益是有着显著差异的。

在经济领域，这就是禀赋效应，各个国家和地区都是将自己的自然禀赋用到极致，然后用在这个领域获得的收入去换取别的国家或地区的优势产品。也就是各尽所长、各取所需，从而实现资源的最优化配置，以使生产效率达到最高。

因为生产一些不擅长的产品所获得的收益，要远远低于生产擅长产品的收益，因此扩充自己专长领域才是最明智的选择。

同样，人也有一个效能最大化的问题，所谓的人尽其才就是要把适合的人安排在适合的岗位上发挥最大的作用。

在一个组织中，如果每个人都在发挥最大的作用，那么整个组织的效率也必然是最高的。

当然这是一种理想化的制度安排。其前提是必须有非常公平的人才发现机制和非常公道正派的用人机制。

如果其中一个机制失灵，就会产生用人失当的问题，会把不适合的人配置到不适合的岗位上。如将庸碌、阿谀的人配置到重要的岗位上，会使人才被长期压制甚至埋没。

此时，是想进化出帮助你上位的阿谀逢迎的综合素质，还是要磨炼自己所擅长的真本领，就会成为一道选择题。

在有些机制下，对人才的评价往往是：这个人专业没问题，就是缺少综合素质。

但是综合素质是什么？是哪一点有问题？评价者往往不会说，也说不出来。

因为真实的理由可能就是不会与领导搞好关系，但是这个话是不能放在台面上说的。综合素质的评价显得更为专业，或者换一个说法，叫不成熟也可以。

但是什么是成熟，如何成熟自然也是没有标准的。

必须承认的是，有些人天生综合素质就是高，虽然干活不行，但可以得到领导的认可。

但是这些本领并不是谁都学得来的，而且有些素质也存在一些法律风险，需要谨慎对待。

被批评为业务干部的人，也没有必要灰心，与其花过多的时间去研究如何提升那个本来就没有标准的综合素质，不如在业务领域中不断夯实自己。

因为所谓的擅长，也是非常相对的概念，拿到一个更大的平台上，也很有可能就是一般般。之所以没有获得足够的机会，与其怀疑是综合素质的欠缺，不如相信是自己的业务素质还不够突出，也就是优势的项目还不够强。

就像生产硬件的，就不要老是琢磨自己的软件强不强，首先要自己的硬件足够强才能卖出去，才能站稳脚跟。站稳脚跟了，有余力了，再来考虑软件的问题也不迟。

因为人的精力是有限的，人的禀赋也有限的，不可能什么都强。

即使是业务领域，也有很多的细分，有具体办案，也有类案研究，两者就存在很大的差别。

就像同样是家电，也有黑电和白电的区别，同一个品类也有中端和高端的差别。

即使都是办案，也有擅长办疑难复杂案件和擅长高效办理大量简单案件的区别，还有擅长办理暴力犯罪和擅长办理经济犯罪的差别。同样在业务领域，也有省院的综合指导、协调总结和基层院直接办理应对的区别。

每个人都有自己擅长的一面，要善于发现，这其实是在发现自己的天资禀赋和比较优势。

人只要把自己的比较优势发挥到极致就好了，不要在比较优势没有发挥出来的时候想别的方面，否则就会变得一无所长，面目模糊。

干啥都还行，但干啥都干不好，这才是最可怕的，这是将自己命运完全交到别人手中。

这也是没有充分开发自己的禀赋，也就是没有找准自己的定位，自己都不知道自己是干啥的。

当然，考虑综合平衡，期待综合素质的提高，目标当然是提拔进步，最好是当领导了。但如果当不上呢？不确定因素太多了。

我们在谈发展的时候，不应该局限于现有的工作岗位和工作单位，应该从个人职业发展的角度看这个问题。

当你在一个岗位或者单位待不下去了的时候，也要问问自己，这个岗位适不适合你？你的优势是否得到了充分发挥？

这里是不是有一些潜规则或者进化路径，让你完全适应不了？比如工作进展太慢了，而你是一个急性子，那你就要考虑节奏的问题。

也就是在发展上，一方面有一个不断适应岗位的问题；另一方面也有一个寻找适合岗位的问题。

更重要的还是你是否在发挥一些自己真正擅长的东西，让自己成为真正的人才。只要你成为拥有一技之长的人，就不愁找不到适合自己的岗位，很多机会就会向你伸出橄榄枝。之所以现在没有这些机会，主要是因为你放弃培养自己的优势了，你的优势还不够突出。

只要优势足够突出，总能发现机会。这个优势即使不在体制之中，也可以在体制之外。

但是如果你没有足够突出的优势，就很难把握自己的主动权。

当你把棱角磨圆，就会发现你的"综合素质"也未必能得到认可，因为这本身就没有一个确定的标准。此时，很多业务你又做不了了，你把自己给废掉了。

　　不仅是废掉了，还把自己困住了，失去了选择的能力，不知道自己到底还有什么用。你迷失了，你的信心也慢慢失去了。

　　人只有在擅长的领域才能找到信心，这个特定的领域中才能发展出独一无二的自我。

　　找到信心，也就是找到自我的过程。

知道自己想做什么、能做什么，就去做什么

很多人一天到晚很忙，但忙来忙去也不知道自己在忙什么，忙的都不是自己真正想做的事。

很多人想法很多，但就是无法付诸行动，总是能给自己找到理由。

还有一些人，已经有了明确的目标，也开始忙了一阵子，但是一有别的事，就把之前的计划搁置了。再问他的时候，才发现已经搁置很久了，好像也没有那个情绪捡起来了，所以也就这样了吧。

知道自己想做什么很重要，更重要的是自己能做什么，而最重要的是能够长期坚持做下去。

想做什么，涉及理想，也涉及欲望。

小的时候，我们往往有一个模糊的理想，想做成一件大事。这个理想可能很朦胧，很模糊，也很天真。

但这个理想也非常直接，是不加掩饰的，因为那时候我们

没有那么多的顾忌、禁忌和约束。

这个理想随着年龄的增长，会变得越加明确、具体而现实。

因为我们越来越知道自身的局限性。

我们知道有些目标是注定实现不了的，或者是基本没有希望的。

因此，我们学会了放弃，学会接受现实，学会做减法，学会降低标准。

有些人就会把这个目标降得无限低，以至于趋近于无。

还有一些人，把目标定得很高，以至于没有实现的路径，索性也就高高挂起了，这与没有理想也没有本质的区别。

因此，过高的、不切实际的理想与没有理想一样，都不能指引我们具体的行动，不能脚踏实地走出每一步，也会让目标落空。

比如我的目标就是通过观念来影响司法行为，发挥一些启蒙的作用。这个目标也是很大的，但好在可以量化。

事实上，我们每个人都有幻想的权利，都有一个可望而不可即的宏大志向，如果衡量哪些志向是可以完成的，哪些是空洞无物的，就要看你能不能将这些志向分解为每天日常的行动，分解为可以量化的步骤，同时还要保证这些细分的任务是可以承受的。

你不需要每天都想着如何完成一个宏大的目标，你只要每天完成这个宏大目标中的一个细小的步骤就行了。

就像马拉松一样，看起来有四十多公里，很多人想想都觉得太夸张了，但是如果你把它分解为每一公里，比如北马的路线，就可以在心里把它分解为几个路段，几段风景，就会感觉距离没有那么长了。

更重要的是，你要具备完成马拉松项目的能力，它来自于你每天坚持不懈的 5 公里、10 公里的日常训练。也就是能力是跑量堆积出来的。

万里长征是一步一步走完的。

重要的是这每一步都是你能够承受的。

我也曾经要求自己每天写一篇文章，后来发现根本不可能完成，因为我还需要充电和积累，还需要适当的休息和喘息。因此我适时调整为每周写四篇。这样就更容易完成，更具有可持续性。

我真正的目标是持续的写作，而不是一次性的多些几篇。

写作这个工作本身很普通，它真正的难度就在于能够影响别人的心智，否则就没有意义。

不论是论文还是专著，如果不被人接受，没有人看，就不能产生影响性的作用，就只具有形式意义，而不具有实质意义。

写作的本质在于传播思想。这个传播有横向和纵向两个维度，一个是靠当下的即时传播力，另一个是靠经久不衰的持续传播力。

有些作品在当下很火爆，但持续不了多长时间。有的作品开始的时候比较小众，却能够经久不衰。

也有部分作品是当下没有影响，也不可能产生传世作用的僵尸作品。很多作品从出现到消失都不会引起别人的注意。这样就失去了传播价值。

因此，写东西这条路也不容易。

想创造一点价值，并被别人认可都是不容易的。

尤其是你很犹豫，觉得这也不能写，那些不能写，写了这个会怎么怎么样，写了那个又会得罪谁谁。最后的结局，自然就是什么也不会写。

写东西最大的特点就是真情实感和言之有物。

首先，你要说实话，说假话别人也听得出来，说一些自己都不相信的话，自己都不想听，别人会想听吗？

其次，要有真东西，不能仅仅是搬运思想，还要有自己独到的见解，真正的思考，这才能具有原创性的价值，才有关注的价值。现在的注意力这么稀缺，大家怎么舍得分出宝贵的注意力关注一些没有价值的东西呢。

再次，要有建设性，不仅是宣泄情绪，还要告诉大家应该怎么办。这样才能构成一种理性的有用性，也就是积极的建设性力量。

最后，还要有一些敢于直面问题的勇气。直面问题有没有风险？有。正因为有风险才显得可贵和珍惜，才会赢得尊重。也因为它的直面才有利于社会的发展，才值得被认可。当然，重要的是把握其中的尺度，这需要对宏观大势有一种深刻的领悟力。

这些分散在每日中的细小步骤，只有坚持长久才会有较大的意义。

如果坚持一阵子就半途而废，就几乎不会产生什么效果。

因为从量变到质变是一个非常漫长的过程，在这个过程中，有时会感觉望不到头。感觉一直都没有什么大的起色。

但是随着量变的推移，一定会出现一些阶段性的变化，就像指数曲线的拐点一样，积累到一定程度就会有一些小的爆发。

这个过程中肯定有无数次的挣扎，会不断与惰性抗争，也会感到十分无聊。有时候感觉路径太简单了，反而失去了很多趣味。就像很多人喜欢打球不喜欢跑步，因为跑步太过单调。

但跑步所受的限制最少，是最容易坚持的项目，而且在有限的时间内，运动量也是最大的，是效率高、成本低的一项运动，也就是性价比最高的一项运动。

关键它确实适合你。

只要选择适合自己的路径，将宏大的目标细化为每日的行动，一直走下去，就一定会有大的收获。

很多人都知道这个道理，但就是无法完成，因为无法坚持下来。那我只能说你的愿望还不够强烈。

能够走多远，既取决于你的视野，也取决于你步伐的坚定性。

意识与意志

把一件事想清楚了是一种意识，但是将这件事情付诸行动，则需要意志。

就比如起床，知道醒了应该起床，这是意识；但是就是起不来，就是贪恋被窝中的温暖，克服了这些，成功起床，这就是意志。

跑步也一样，很多人知道跑步是有好处的，这是意识；但是真到要跑起来的时候，就会拿很多理由来劝自己，比如今天太晚了、天太冷了、还要看会儿书呢，偶尔跑一两次也没有用，少跑一两次也不要紧，明天吧……这是没有意志。

上面这些理由也是很真诚和合理的，最终导致的结果就是运动没有坚持下来，锻炼身体的习惯没有养成，通过锻炼提高身体素质的目的也自然就没有达到。

平时的跑量跟不上来，马拉松就很难坚持下来；即使坚持下来也非常容易受伤，这就不是在锻炼身体，而是伤害身体了。

锻炼的关键不在于偶然的一次，而在于平时的积累。

写作也一样，很多人都有很大的目标，都希望十年磨一剑，准备用长时间酝酿出一部完美的作品。

但很多时候这也是诓骗自己的一个借口，只是 10 年确实过去了，但并没有用来磨剑，只是用来磨洋工了。

现在说自己没有准备好，但过了一些时日还是没有准备好，因为根本就没有准备，日子还是白白过去了。

虽然有一些作家可以通过长时间的准备和打磨来完善作品，确实也会有惊艳的作品出来，以至于一鸣惊人。但是大部分的人都没有这个自觉性，在没有任何外部约束的情况下，很少有人可以长时间、不间断地写作。

很多人都容易过高估计自己的实力，他们确定过高的目标，对短时间内能够集中精力做的事也往往估计过高。

比如，很多人觉得周末两天时间，可以集中写一篇文章，可以多看会儿书。但是到头来可能还是会觉得工作一个星期了要好好休息一下，家里人也会觉你都忙了一个礼拜了，还不陪陪家人孩子？

我们以为自己可以很好地坚持制订的计划，事实上往往难以坚持多久，因为总是有意外的情况出现，总是会感觉孤独寂寞，好像看不到尽头，然后就失去了耐心。

总结下来就是，我们过于相信自己的意志力。

很多人在思考问题的时候，考虑更多的往往是认识的因素，是意识的问题,认为考虑周全之后,那执行只是顺理成章的事情。但是有经验的人都知道,实践中,意志因素才是最关键的。

也就是你不需要制订一个多么复杂完美的计划,只要有一个非常简单的计划就够了,关键的是坚持得足够持久。

比如跑步,不好说每天都跑,毕竟有天气的原因。但是每周跑两三次,如果能够做到一直坚持,那身体素质也会得到提升,但是有几个人能够坚持下去?

这是一件多么简单,却又多么难的事情?

你知道它是正确的,它的正确性非常明显,它的方案也非常简单,但就是执行的时候坚持不下来。

写作也一样,只要坚持每周写几篇文章,比如三四篇,如果能够坚持十年二十年,成果就会非常可观,可以实现从量变到质变的效果。这也是很简单的逻辑,很简单的方案,但也是不容易坚持的。

可能写着写着觉得可以了,或者写着写着觉得也没有什么大用,没有等到发生质变的时候就不再积累量变了。或者是觉得思想枯竭,或者只是想偷一点懒,逢年过节给自己放个假,工作生活忙起来,也可能临时让让路。但是有经验的人都知道,只要你放下,就一定很难再捡起来。

日子过得很快,晃晃悠悠就是一年。

忙起来眼前的事,远方的事就丢了,宏大的构想如果没有日积月累的砖瓦,也便无从实现了。

可见，意志是多么的重要。可以说意志是成功之母。

只要有了意志，再简单的计划都可能成为奇迹；再低的水平都可能实现飞跃；再庞大的计划也就有了时间表。

但是如何获取意志？

意志有生理和心理两个基础。

生理的基础在于长期的磨炼所产生的脑中生物化学递质，它需要长期规律的锻炼和习惯才能养成。比如跑步，坚持定期锻炼，可以增强此类生物递质的分泌。也就是能够坚持跑步的人，大多也能够坚持做其他的事情，比如写作，所以很多作家都喜欢长跑。也就是所谓的习惯成自然，其实是有生物学依据的。

心理的因素，主要是指通过每一个小的目标的实现而形成的一种内心的确信，或者说是自我信誉，也就是自己能够对得起自己。自己能够完成下一件事，是由之前完成的其他的事情积累而成的信誉激励的。

如果之前的目标已经基本完成了，也就是对自己从未爽约，那么这一次大概率也不会爽约。因为这里有自我信用。如果这一次没有完成，就是对自己失信了，那样会产生负罪感。

比如我现在养成了在特定时间写作的习惯，也就是到点了我就想写，也比较容易进入心流状态。由于我每次在这个时间，只干写作这一件事，如果我这个时间干别的了，比如找电影看，就会觉得是在犯错误，在开小差，会赶快回过神来。

也就是通过习惯的养成，形成了一种自我监督机制。

这种自我监督机制就成为意志力的保护，在意志力不坚定的时候，内心就开始反思和鞭策自己。

　　从这个意义上讲，意识和意志因素也是统一的。

　　这种意志是一种本能，是活下来或者活得更好的欲望，是一种对环境的适应力，是一种超越自己、不甘于平凡的渴望。

　　想知道你的意志为什么没有那么强烈吗？

　　我想说，那是因为你没有那么想要。

请收起优越感

我在写完《你办的不是案子，而是别人的人生》之后，有些人反驳说，我们办就是案子，不是别人的人生。

这是一种将他人符号化，同时也将自己符号化的价值观，也是一种优越感。

实践中，很多人在向下展示优越感的同时，也会遭遇到来自上方的优越感。

再有问题拿你是问……

你还能不能干了……

你加班跟我有什么关系，不管你睡不睡觉，把案子给我办完……

你吃药跟我有关系吗？

我算你旷工！

你懂不懂规矩？

……

这是一条优越感的传递链条。

当我们不再尊重别人的时候，我们自己也不会被别人尊重。

而且我们会把这个不被尊重的感受传递下去。

也就是遭遇别人展示优越感的时候，不但心中不忿，甚至时刻等待把这份负面情绪发泄出来，以体现自己的优越。

这份优越是十分虚幻的。它丝毫不会提升我们的能力、素质和道德水准，并不会真的使你高人一等。它只会让你有高人一等的幻觉，至少感觉在这个鄙视链中没有处于最末端，因而有了一丝庆幸，从而放弃了人格和素质的真正提升。

同理心是人作为社会动物的基本素质。我们必须学会对其他同类感同身受，学会理解和包容。通过释放善意，才能收获更多的善意；释放恶意，只能招来恶意，这是最基本的规律。

即使对于犯了罪的人，我们的目的也不是彻底的消灭和隔离，而是希望他们能够获得改造和早日复归社会的机会。

这不仅仅是对他一个人，也是在向所有社会成员展现不抛弃不放弃的群体原则。

对待弱者的态度，不仅仅是给这个弱者看的，也是给所有的弱者看，给所有的社会成员看：我们会照顾每一个人。

因为我们都可能成为弱者。即使不是露宿街头，也总有生老命死，都会有不如意的时候。这个时候，你希望别人怎么对你，现在你就应该怎么对待别人。

相互的善待发挥着凝聚作用，能够实现更好的社会协作。

这种社会协作是文明的基础。

孟子早有言：君之视臣如手足，则臣视君如腹心；君之视臣如犬马，则臣视君如国人；君之视臣如土芥，则臣视君如寇仇。

讲的就是鄙视链的危险性。不懂得尊重，不仅仅是无法合作那么简单，它甚至会引发负面情绪的反弹。

学会尊重不是一个人高尚人格的体现，只是人之为人的基本生存策略。鼓励相互尊重，呼唤同理心，也是一个社会维系和发展的基本策略。

所以，为了安全，请收起优越感。

后 记

这本书就是在为同理心正名。

同理心长久以来在司法系统被批评为"妇人之仁"和"书生办案",好像只有不管不顾的严才是正确的,才具有正当性。只有严才是铁面无私、嫉恶如仇,而宽缓总是天生背负着法外开恩的嫌疑——至少是非常软弱的。

虽然我们很早就主张宽严相济了,但是许多年来,我们更多的还是讲严,严是主基调,各种从严打击、严惩不贷、及时依法打击的说法都有一种惩罚不坚决、不彻底的意味,总是感觉没有除恶务尽。

在一味严的背景下,发生了一些冤错案件,现在的观念逐渐转变为依法从严,要突出、强调合法,尤其是不能搞刑讯逼供。现在,虽然不搞刑讯逼供了,却开始机械套用法律了。

这是因为机械套用法律好像也是在体现严,沾边儿就构罪,能套上就构罪,形式上符合法条就要处理。这样处理案件的效率确实提高了,但是效果未必尽如人意。

近年来,一些机械套用法律却与常识相悖的案件不断出

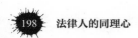

现，让公众一再哗然。反思机械执法成为一种新的自觉。在这种背景下，我提出的"你办的不是案子，而是别人的人生"这句话才能引起广泛的共鸣。

这句话包裹了一颗同理心。

同理心不是软弱，面对不理解、面对猜疑，它是更加强大的力量和勇气。

这本书就是在为同理心鼓与呼，在呼唤人性司法的理念。

因为人性司法不再强调一味的严，而是在强调区分情况，在了解背后的原因之后再做决定，对于轻微案件尽量能够慎重动用刑事手段，尽量给人一个机会。

这是因为刑罚的功能是有限的，而且是具有很强的负面效应的，对当事人及其家人会带来极其严重和长远的影响。

同理心是强调应该在了解这一切之后再做决定，用自己的内心掂量之后再做决定。

这个掂量的过程也能被嫌疑人、被告人和公众感受到，从而产生对司法官的共情。他们会理解我们的理解，不理解我们的不理解。

越来越讲道理的公众也自然希望司法官也能够越来越讲道理。

从这个意义上，法律人的同理心只是顺应了文明发展的大势。

也即，同理心正在逐渐成为司法官应当具备的基本品质。

本书的创作一如既往地得到了家人和朋友的默默支持，"刘哲说法"的读者也给了我很多的鼓励和反馈，从他们的点滴留言中我也体会着一份沉甸甸的责任。

我还要感谢清华大学出版社刘晶编辑以及其他工作人员的持续付出，他们的理解力和同理心让我感受到一种温暖和力量，向他们致敬！

2022 年 7 月于西直门